本书出版得到川北医学院 2021 年博士启动基金（CBY21-QD36）资助

赞助搜索广告中基于层次贝叶斯的
关键字生成与选择

聂晗◎著

科学技术文献出版社
SCIENTIFIC AND TECHNICAL DOCUMENTATION PRESS

·北京·

图书在版编目（CIP）数据

赞助搜索广告中基于层次贝叶斯的关键字生成与选择 /
聂晗著. -- 北京 : 科学技术文献出版社, 2024. 8.
ISBN 978-7-5235-1705-5

Ⅰ. F713. 365. 2

中国国家版本馆 CIP 数据核字第 20243GJ265 号

赞助搜索广告中基于层次贝叶斯的关键字生成与选择

策划编辑：梅　玲　责任编辑：李晓晨　公　雪　责任校对：宋红梅　责任出版：张志平

出　版　者	科学技术文献出版社	
地　　　址	北京市复兴路15号　　邮编　100038	
出　版　部	（010）58882943，58882087（传真）	
发　行　部	（010）58882868，58882870（传真）	
邮　购　部	（010）58882873	
官　方　网　址	www.stdp.com.cn	
发　行　者	科学技术文献出版社发行　全国各地新华书店经销	
印　刷　者	北京虎彩文化传播有限公司	
版　　　次	2024 年 8 月第 1 版　2024 年 8 月第 1 次印刷	
开　　　本	710×1000　1/16	
字　　　数	207千	
印　　　张	13	
书　　　号	ISBN 978-7-5235-1705-5	
定　　　价	58.00元	

前　言

　　近十多年以来，赞助搜索广告已经发展为通用搜索引擎的主流商业模式，在电商平台也占据重要地位。目前，在赞助搜索广告的研究方面对于关键字的生成、扩展和选择的研究相对较少且存在不足。其原因大致如下：首先，现有的关键字的生成、扩展方法获得的关键字大多数是流行关键字，性价比不高；其次，现有的方法生成的关键字数量较少，难以满足预算充裕的广告主的需求；最后，现有关键字的选择方法只针对单一广告平台，而目前实际工作中广告主往往会同时选择多个平台来投放广告。

　　本书提出赞助搜索广告中的基于层次贝叶斯的关键字生成、扩展和选择策略。本书研究的主要工作特点如下。

　　第一，现有的关键字生成与选择方法所生成的关键字数量多但相关性较低，或者其生成的关键字相关性较高但数量少且概念覆盖范围狭隘。本书提出一种基于层次贝叶斯的关键字生成与选择方法，只需广告主提供少数几个种子关键字即可，本书提出的关键字生成方法是以维基百科网页作为源文本语料库，通过处理维基百科丰富的页面结构和文本内容，构建关键字生成模型，并运用层次贝叶斯进行模型参数估计，最终生成关键字。该方法得到的关键字能在广告主的产品（或服务）及其经营业务的利基市场（niche market，指被有市场绝对优势的企业所忽略的细分市场产品）的覆盖率与相关性之间取得平衡。通过与一些基准方法的实验数据进行比较与分析，从相关性、专业性和性价比 3 个方面进行评估，证明本书提出的基于层次贝叶斯的关键字生成与选择方法在覆盖性、相关性和专业性等指标上更具优势：所得到的关键字数量更多且概念覆盖范围更广，同时大多数关键字是符合广告主要求的长尾关键字。

第二，在关键字生成的基础上，本书利用维基百科网页之间的网络层次结构的链接关系，提出了一种新的关键字扩展策略，将其称为 WIKG，通过发掘维基百科的 categories 链接结构，并以此为基础，以迭代的方式构造条目页面的网络图来实现关键字的灵活扩展。本书提出的基于层次贝叶斯的关键字生成方法以维基百科作为源文本语料库，分析了维基百科页面结构，将页面分为 5 个主要部分，并且将每一部分的重要性都纳入了参数进行考虑，在每一部分的重要性未知的情况下运用层次贝叶斯进行参数估计，上述内容均属于过往研究中未曾涉足的领域。本书提出的关键字扩展方法，是基于多网页链接层次的网络结构，通过使用改进的扩展激活算法（modified spreading activation algorithm，MSA）以迭代的方式构造链接图来确定链接图的边界，从而选择相关性更高的页面。迭代终止条件由一个阈值确定，改变阈值可以在所生成的关键字集合的覆盖范围与种子关键字相关性之间进行调节。把设定的阈值作为终止条件，可以实现所生成的关键字集合的覆盖范围与种子关键字的相关性之间的平衡。实验结果表明，就覆盖率和相关性而言，WIKG 均优于基准方法。

第三，本书提出的基于非参数层次贝叶斯关键字 CTR（nonparametric hierarchical Bayesian keyword-CTR，NHBKC）模型针对广告主面对多广告平台的实际情况，深入分析了跨平台用户的多维画像特征，通过提取相关标签，并结合细分群体用户的广告点击行为的数据，精确地估算出了每个关键字在目标用户群体中的 CTR 综合值。然后在 NHBKC 模型估计结果的基础上提出一种由多个部分组成的关键字选择模型，每个组成部分表现关键字选择结果的不同方面，模型引入调和参数并通过调整参数实现品牌推广和利润的平衡，从而满足不同广告主及同一广告主在不同时段对广告目标的不同要求。本书的关键字选择方法为广告主的调整预留了空间，广告主可以方便地根据消费者群体特征的变化来增加、删减或改变用户特征标签，每种特征标签的内部划分也能随时进行调整，通过调整参数实现品牌推广和利润的平衡，方便广告主随时根据市场变化调整关键字选择和广告推广方案。本书提出的方案能满足同一广告主或不同广告主在不同时段对广告目标的不同要求，且该关键字选择方法为广告主的调整预留了空间。

　　总体而言，本书提出的基于层次贝叶斯的关键字生成与选择方法得到的关键字能在广告主的产品（或服务）及其经营业务的利基市场的覆盖率与相关性之间取得平衡。本书提供的关键字大多数是符合广告主要求的长尾关键字，在覆盖性、相关性和专业性等指标上相较于其他关键字均具有优势。本书的关键字选择策略考虑广告主面对多广告平台的实际情况，能根据不同广告主，以及同一广告主在不同时段对广告目标的不同要求来平衡品牌推广和利润这两大广告目标。

目　录

第 1 章
在线广告市场与背景

1.1 研究背景

随着计算机网络与信息技术的产生和迅猛发展，互联网逐渐成为人们获取信息的有效途径。根据互联网世界统计（Internet World Stats，IWS）数据显示，截至 2022 年，全球互联网用户数量达到 53.86 亿人，占全球总人口的 67.9%（图 1-1）。其中，社交媒体用户数量为 48 亿人，占全球总人口的 59.9%。这意味着大约有 6 成的地球人每天在网上冲浪，寻找自己感兴趣的新

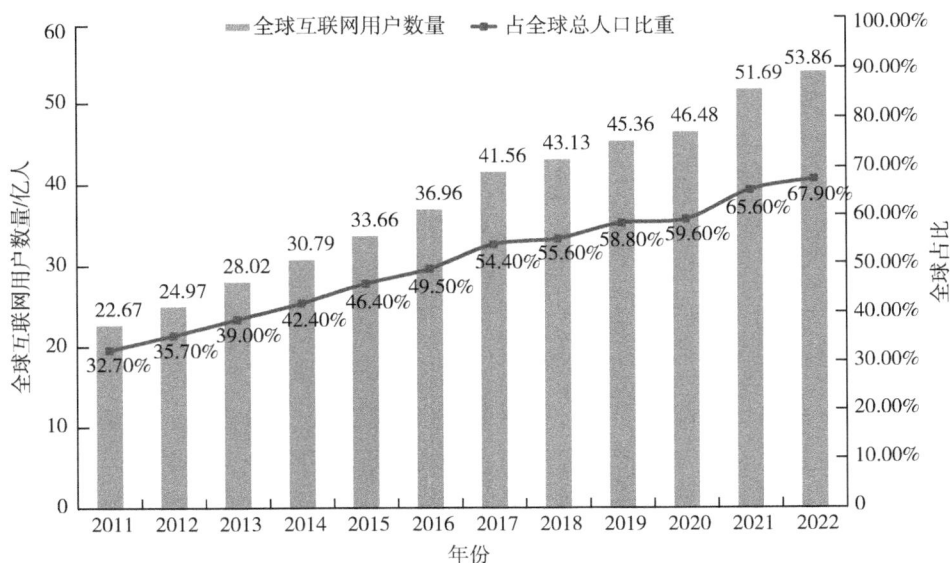

图 1-1 全球互联网用户规模及普及率

（来源：IWS）

鲜事物。在互联网席卷全球之时，中国并没有被排斥在大门之外，而是积极融入互联网世界大家庭。1987 年 9 月 20 日是一个值得载入史册的日子，这一天中国第一封电子邮件，成功从北京发送给了德国的卡尔斯鲁厄大学，这标志着中国互联网的诞生。

此后，中国互联网经历了飞速的发展。尤其在党的十八大以来，国家宏观层面提出"网络强国"这一重大概述，采用加强互联网发展顶层设计和统筹规划、推动互联网和经济发展领域深度融合等多项举措，使我国互联网行业的整体发展上了一个新台阶，无论是商业渠道上下游系统化还是多行业融合互通，互联网模式在不同领域的不断探索给中国互联网的发展注入了活力。中国以数字化进程推动社会发展进步，中国互联网的发展坚持核心技术自主创新不动摇，保持战略定力并持续高强度投入。中国在互联网产业的布局广、产业链长，从基础设施到个人计算机、智能手机等终端设备，再到金融、电商、媒体等全方面的应用服务，都有不少优质企业，庞大的互联网消费市场更是技术创新的需求来源。总体而言，我国在核心技术自主开发上既有动力又有人才、资金等方面的支持，只要保持自主与开放相结合的心态，与世界各国分享技术发展成果，就能形成自己的核心竞争力。互联网在经济发展中扮演着越来越重要的角色，对于促进经济增长、推动产业升级、扩大市场规模、降低成本、增强竞争力，以及推动中国国际化进程都具有重要意义。根据中国互联网络信息中心（CNNIC）发布的第 52 次《中国互联网络发展状况统计报告》，截至 2023 年 6 月，我国网民规模达 10.79 亿人，较 2022 年 12 月增长 1109 万人，互联网普及率达 76.40%（图 1-2）。

在互联网诞生之前，人类搜索信息的方式主要依赖传统的媒体和出版物，如电视和广播等传统媒体，以及书籍、报纸、杂志等出版物。这些渠道的资讯有一定的时间限制和固定的格式，查找信息需要花费大量的时间和精力。例如，在图书馆或文献中心，人们可以向图书馆员或文献管理员提出查询需求，由他们帮助检索相关文献，这需要花费大量时间和人力，而且受到地点和时间的限制；一些企业或机构可能会提供电话查询服务，用户可以通过拨打电话查询所需信息，同样费时费力；一些大型网站或数据库可能会提供目录查询服务，用户可以通过浏览网站或数据库的目录结构来查找相关信息，这需要用户对目录结构有一定的了解，而且查询结果可能不够精确。由此可见，这些传统搜索方式在互联网诞生之前为人们提供了有限的信息获取途径，但都存在一定的局限性。

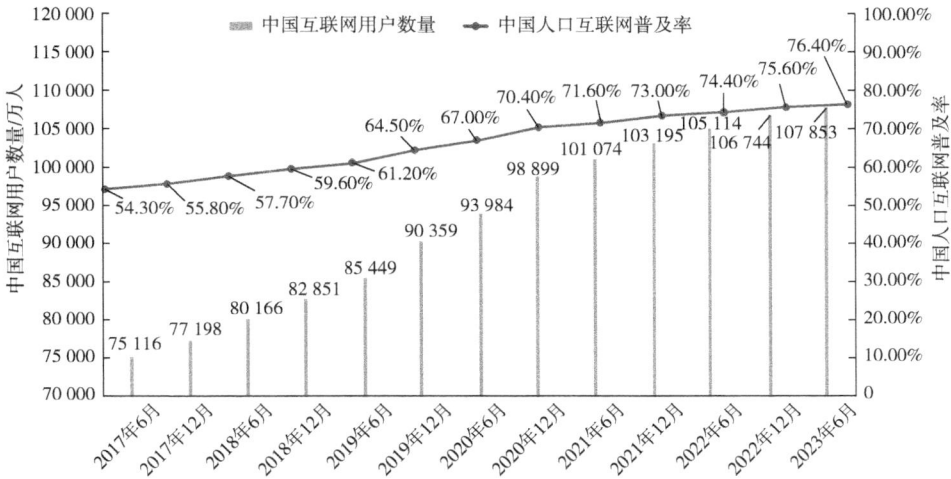

图 1-2　中国互联网用户规模及普及率

（来源：CNNIC）

互联网科技的发展让网络搜索可以作为人类大脑的外延。通过互联网搜索信息更加便捷、灵活、简单，这极大地提高了获取信息和资讯的便利性，人们进行知识获取的效率也大为提高。经过多年的迅猛发展，互联网已经成为囊括巨量信息的综合体，它提供了广泛的信息资源，涵盖了各种领域，包括新闻、学术研究、社交媒体、电子商务、旅游等。这些信息不仅数量巨大，而且种类繁多，包括文本、图片、视频、音频等。互联网搜索信息的主要优势在于它的便利性和实时性，用户可以通过搜索引擎轻松地获取所需信息，无须花费大量的时间和精力去寻找。此外，互联网上的信息更新速度非常快，用户可以获取最新的资讯和动态。借助互联网搜索引擎众多先进的功能，如自然语言处理（Natural Language Processing, NLP）、机器学习、个性化推荐等，可以帮助用户提高搜索效率，从而更加准确地找到所需的信息。互联网搜索信息也带来了很

3

多商业机遇，商家可以通过搜索引擎来推广自己的产品和服务，吸引更多的潜在客户；同时，搜索引擎还可以为商家提供数据分析和营销策略等服务，帮助他们更好地开展业务。互联网搜索信息具有实时更新、智能化搜索、个性化推荐、安全保障、科技创新驱动力、商业机遇、促进社交网络发展和智能硬件与搜索引擎结合等优势，为用户和商家提供了更加便捷、高效的信息获取途径。

但是，任何事物的产生与发展都有两面性。互联网在给用户带来便捷和提高效率的同时，使得提供信息的成本大幅降低，每一个热点事件的发生都裹挟着巨大的信息流汹涌而出。在海量信息产生的同时，难以避免地出现真假难辨、良莠不齐的现象，面对指数级的信息量，由于个人的信息搜索能力和分辨能力有限，用户对于信息快捷筛选和推荐工具的需求就此出现，这就给搜索引擎的诞生提供了契机。搜索引擎是进行网络搜索的软件系统。信息索引的最初想法可追溯到 1945 年布什的文章 "As We May Think"，这是布什本人的论文《机械化与记录》[①] 的改编和扩展，文中预见了信息社会的未来发展方向。搜索引擎于 1990 年首次出现，称为 Archie（Archie FAQ）。在 2000 年前后，以 Google 为代表的综合类搜索引擎声名鹊起，通过运用 PageRank 算法取得了较好的结果。近年来随着互联网和移动终端的深入融合，人们可以通过各种随身电子产品和设备随时随地使用搜索引擎，这更加有助于搜索引擎的普及运用。据相关数据显示，仅 2023 年 6 月，谷歌（Google）和 Verizon Media Group 在美国就分别处理了 923 万次和 165 万次搜索查询[②]。来自 CNNIC 的数据显示，截至 2023 年 6 月，中国搜索引擎用户规模在后疫情时代持续增长，达到 8.41 亿人，较 2022 年 12 月增长 3963 万人，使用率为 78.00%[③]（图 1-3）。根据相关统计，搜索引擎按用户使用规模来算，是互联网中排前列的应用。

---

① NYCE K . From Memex to Hypertext: Vannevar Bush and the Mind's Machine[M]. Pittsburgh: Academic Press，1991.

② 数据来源于 https://www.statista.com/statistics/265796/us-search-engines-ranked-by-number-of-core-searches/，仅统计显式核心搜索（explicit core search query），即排除来自上下文的搜索，因为其不反映用户与搜索结果进行交互的意图。

③ 数据来源：中国互联网络信息中心（http://www.cnnic.cn/）。

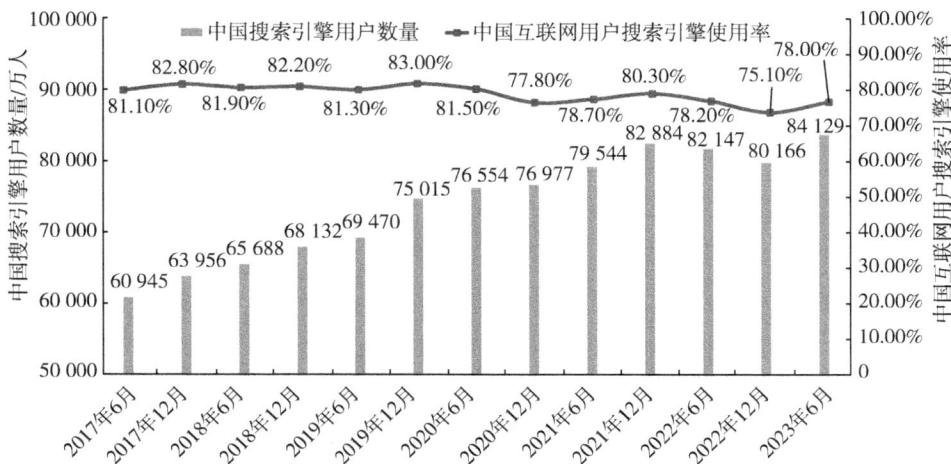

图1-3　中国搜索引擎用户规模及使用率

（来源：CNNIC）

赞助搜索广告（sponsored search advertising）早期主要由广告赞助商在搜索广告平台开展广告活动，也有研究根据侧重点不同将其翻译为"搜索广告""搜索竞价广告"等，本书统一称之为"赞助搜索广告"。随着搜索引擎在广大用户群体中的普及，为方便用户，众多电商平台〔如淘宝、京东、亚马逊（Amazon）等〕内嵌搜索系统，各类企业以其作为广告推广活动的舞台，赞助搜索广告就此迎来蓬勃发展。广告是一种营销传播的手段，作为商业活动中必不可少的一环，伴随人类商业活动的诞生而出现。互联网出现之前，广告主主要通过报纸、杂志、广播和电视四大传播媒体及户外形式发布广告，虽然媒体形式多样，但都普遍缺乏便捷的互动手段，导致广告主难以精准定向到目标客户，很难第一时间获取广告目标群体对投放广告的反应，导致后续的广告策略调整没有依据，这必然对广告效果造成负面影响。随着商业的日益发展，传统广告渠道受制于方式本身，始终无法解决上述问题，导致发展逐渐陷入瓶颈，而互联网技术的诞生与发展为问题的解决带来了曙光，借助信息技术和大数据，赞助搜索广告有望突破传统广告的困境。

2023年上半年，生成式人工智能技术被引入到搜索引擎中，主要是通过与传统的搜索引擎技术相结合，以提高搜索引擎的智能化、个性化、准确性和互动性水平，使用户能够更方便快捷地获取所需信息；NLP 技术作为生成式人工智能技术的重要基础，可以帮助搜索引擎更好地理解用户的搜索意图，并返回更准确、更相关的搜索结果；同时，通过分析用户的搜索历史和行为数据，搜索引擎可以更好地了解用户的偏好和需求，从而提供更个性化的搜索体验；与此同时，机器学习技术也被广泛应用于搜索引擎中，通过对用户的数据反馈来自动调整搜索结果排序，提高搜索结果的准确性和适配性。例如，谷歌搜索就使用了机器学习技术，它会分析用户的搜索历史和行为数据，根据用户的反馈自动调整搜索结果的排序，提高搜索结果的准确性；此外，图像识别、智能问答技术也被引入到搜索引擎中。智能问答技术可以通过对问题的理解和分析，自动生成回答并回复给用户，可以提高搜索引擎的互动性和用户体验。以上这些技术都极大地改善了用户的使用体验并改变了搜索营销的方式。

在此基础上，微软（Microsoft）将 ChatGPT 与搜索引擎相结合，推出了"New Bing"，其可以更自然地与用户进行交互，并根据用户的输入生成更为人性化的回答，还可以根据用户的偏好和历史行为，推荐相关的内容和产品，提供更为个性化的搜索体验。这是生成式人工智能在搜索领域的一次实际应用，展示了其强大的潜力和前景；百度凭借在中文语言处理领域的技术积累和经验，推出了"文心一言"，其具有中文语言处理能力强、数据资源丰富、跨领域应用广泛，以及持续优化和更新等优势；360 搜索自研了认知型通用大模型"360 智脑"，其具有生成创作、多轮对话、逻辑推理等十大核心能力，以及数百项细分功能，基于 360 公司多年积累的大算力、大数据、工程化等关键优势，集成了 360GPT 大模型、360CV 大模型、360 多模态大模型技术硬实力。此外，360 智脑全面接入 360 互联网全端应用场景，可以赋能生态伙伴，开放大模型 API 能力，为百行千业智能化变革提供支持。除了传统的搜索引擎企业，电子商务等领域的互联网企业也在积极开发相关产品。例如，京东将生成式人工智能技术融入"言犀"平台中，提供的智能知识库等服务可以满足企业员工在业务检索、信息获取等场景的需求。相信在不久的未来，生成式人工智能技术将在搜索引擎中发挥越来越重要的作用。随着技术的不断进步和应用范围的不断扩大，搜索引擎将变得更加智能化、个性化、高效化，为用户和企业带来更多便利和创新。

随着互联网时代软硬件技术的进步，如大数据、物联网、AI、云共享、8K、互联网＋、移动终端、智能设备、传感器等全面融合革新，传统营销广告领域发生了翻天覆地的变化。赞助搜索广告作为互联网广告中最具代表性的类型之一，呈现出令传统广告难以匹敌的高度智能化、精准化、多元化等特点。搜索系统提供了新的媒介技术，为给定情景下的用户找到合适的广告，以实现"最优"匹配。广告主为特定的关键字竞价时，需要面对一系列复杂的决策，这些决策在很大程度上影响赞助搜索广告的获利。当互联网用户进行关键字搜索时，搜索系统通过复杂算法，结合分析用户特征属性（如年龄、性别、行为等信息），在搜索结果网页展示与关键字相关的广告，从而实现数字化精准营销，能极大地丰富广告展示形式。广告越相关，用户浏览、点击广告的机会就越高，互联网通过大量的认知努力有效地激励了用户参与信息处理，这样广告主便能实现多元化的精准广告投放策略。由此可见，虽然广告的历史悠久，但在互联网时代广告才真正展现出词根的原本内涵，即让信息精确触及目标客户（广告的英文 advertising 来源于拉丁语，ad vertere 意为"转向"）。与传统的四大传播媒体及户外广告相比，赞助搜索广告更容易针对潜在目标群体进行精准投放，克服了地域和时间的限制，其有覆盖面广、受众群体基数大、针对性强、实时更新速度快和制作成本低等优势。

赞助搜索广告凭借传统媒体难以比拟的优势，开始迅速发展，很快就得到了广大中小企业的青睐，增长势头迅猛。Alphabet（Google 母公司）财报显示[1]，其 2022 年的收入为 2828 亿美元，高于上一年的 2576 亿美元，其主要业务部门 Google 2022 年的收入达 2798 亿美元。截至 2021 年 2 月，Alphabet 在全球互联网公司中排名第二，市值为 13 920 亿美元。Google 最初仅被概念化为基于 PageRank 算法的网络搜索引擎，即使现在提供了大量其他的桌面、

---

[1]　来自权威市场数据平台 Statista：https：//www.statista.com/statistics/507742/alphabet-annual-global-revenue/。

移动和在线产品，Google 搜索仍然是该公司的核心网络产品，此外还有广告服务、通信和发布工具、开发和统计工具及地图相关产品。Google 还是移动操作系统 Android、Chrome OS、Google TV，以及桌面和移动应用程序（如互联网浏览器 Google Chrome）或基于现有 Google 产品的移动网络应用程序的生产商。Google 近几年还致力于开发精选硬件，覆盖范围从 Nexus 系列移动设备到智能家居设备再到无人驾驶汽车。由于其庞大的规模，Google 还提供涵盖灾难、动荡和紧急情况的危机响应服务，以及灾难发生时的开源失踪人员查找器。尽管 Google 产品种类繁多，但该公司主要收入仍是 Google 网站及网站上的在线广告，2022 年其广告收入高达 2244.7 亿美元[①]。其他收入来自产品许可，最近由通过数字内容分发平台 Google Play 商店的数字内容和移动应用程序产生。截至 2020 年 9 月，全球收入最高的一些 Android 应用包括 Candy Crush Saga、Pokemon Go 和 Coin Master 等手机游戏。

电商巨头 Amazon 也在 2017 年 8 月 1 日为第三方卖家开放了头条赞助搜索广告（headline search ads）。由于 Amazon 能提供直接购物，吸引了相当多广告主（尤其消费品领域广告主）投入预算。根据 eMarketer 的研究数据（表1-1），Amazon 已经成为美国第二大赞助搜索广告平台[②]，这也反映了全球互联网广告市场中电商平台崛起的趋势。

表 1-1 美国赞助搜索广告市场份额（2017—2021 年）

公司	2017 年	2018 年	2019 年	2020 年	2021 年
Google	74.7%	73.4%	73.1%	71.1%	70.5%
Amazon	6.5%	11.7%	12.9%	14.3%	15.9%
Microsoft	7.6%	7.2%	6.5%	5.9%	5.4%
Verizon Media Group	3.1%	2.4%	2.0%	1.7%	1.5%

---

① 来自权威市场数据平台 Statista：https://www.statista.com/statistics/266206/googles-annual-global-revenue/。

② 来自全球知名的市场研究机构 eMarketer 的资料：https://www.emarketer.com/chart/231150/net-us-search-ad-revenue-share-by-company-2017-2021-of-total-search-ad-spending。

公司	2017 年	2018 年	2019 年	2020 年	2021 年
Yelp	2.0%	1.9%	1.8%	1.7%	1.6%
IAC	1.1%	1.0%	0.9%	0.7%	0.7%
其他	5.1%	2.3%	2.8%	4.6%	4.5%

来源：eMarketer。

注：数据包括台式机和笔记本电脑及移动电话、平板电脑和其他互联网连接设备；包括上下文文本链接、付费收录、付费列表和搜索引擎优化。

研究显示，广告主在互联网广告中用于赞助搜索广告的投入已经达到了一个非常显著的比例。根据美国互动广告局（Interactive Advertising Bureau，IAB）和普华永道（Price waterhouse Coopers，PwC）于 2022 年 4 月发布的《互联网广告收入报告》[①]，2021 年的美国互联网广告经历了自 2006 年以来的最高增长，该行业历经新冠疫情大流行期间依赖数字媒体作为主要联系的孤立消费者的涌入，也抓住了疫情后全年营销预算复苏的时机（收入在 2020 年第二季度下降之后开始增长），最终实现了行业收入同比 35.4% 的增长。2021 年全年互联网广告收入增长 35.4%，达到 1893 亿美元，其中赞助搜索广告的业务金额为 783 亿美元，占互联网广告总收入的 41.40%，是占比第一的互联网广告形式（图 1-4）。2018—2021 年，美国互联网经济的增长速度是美国经济的 7 倍，目前占美国 GDP 的 12%。随着消费者花在数字媒体渠道上的时间和注意力持续增长，分配给数字媒体的广告支出也水涨船高，特别是在数字视频（包括 CTV/OTT）、数字音频、社交媒体和搜索方面。广告主还希望利用互联网广告大发展的机会向消费者传达商品信息，在政府经济刺激计划和经济重新开放的推动下，2021 年消费者的支出有所增加。2021 年，互联网新广告业务的爆炸式增长无疑是一个额外的增长动力。根据人口普查局的数据，2021 年创造了历史上最大的商业增长，新增了 540

---

① 来自美国互动广告局（IAB）和普华永道（PwC）联合发布的报告：https://www.iab.com/wp-content/uploads/2022/04/IAB_Internet_Advertising_Revenue_Report_Full_Year_2021.pdf。

万家新企业。小企业增长引擎将是推动数字媒体和营销生态系统加速的关键因素，这些企业依靠广告支持的互联网来吸引新客户，并提供持续的产品和服务。

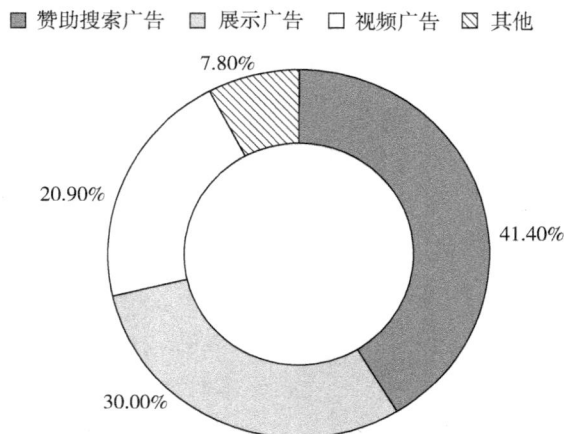

图 1-4 美国互联网广告市场份额
（来源：IAB 和 PwC 联合发布的《互联网广告收入报告》）

赞助搜索广告在中国互联网广告市场的表现和国际市场是一致的。艾瑞网的统计数据表明①：中国经济从 2015 年开始进入长期下行周期，增速放缓。互联网广告因为顺应了广告主降本增效的重要诉求，所以持续吸引广告主的关注。数据表明，2019 年我国整体广告收入总规模超过 7000 亿元，其中传统媒体的份额进一步被蚕食，互联网广告收入占广告总收入的 84.7%，金额为 6464.3 亿元，同比增长超三成。2020 年新冠疫情全球暴发，对民众生活的重大影响一直持续到后疫情时代，目前其影响的余波未消。预计未来几年，广告市场流量红利消退已是大势所趋，但从互联网广告市场的发展态势来看，互联网广告仍然存在较大增长空间。2017 年之前，以百度为主要投放平台的赞助搜索广告始终占据中国互联网广告份额的头把交椅。随着直播、短视频的冲击，以传统搜索引擎为平台的赞助搜索广告、分类信息、应用商店等互联网

---

① 来自艾瑞网的数据：http://report.iresearch.cn/report/202007/3612.shtml。

广告媒体的市场份额呈下降趋势。2023 年 1 月 12 日，由中关村互动营销实验室联合普华永道、秒针营销科学院、北京师范大学新闻传播学院共同编制的《2022 年中国互联网广告数据报告》发布，数据显示，受新冠疫情影响，2022 年中国互联网广告市场规模预计约为 5088 亿元，较 2021 年下降 6.38%，市场规模近 7 年首次出现负增长。与美国电商平台崛起的势头类似，中国互联网广告市场上，电商广告凭借用户形成最短的转化路径及直播电商带来的红利，成为广告主进行线上广告投放（尤其是移动端）的重要媒体选择，电商平台（以淘宝、拼多多为代表）兼具媒体和消费属性的优势，成为广告主进行赞助搜索广告投放的重要渠道，但传统搜索引擎依然是广告主无法忽视的互联网广告平台，2019 年赞助搜索广告市场占比为 14.90%，市场规模达到 742.39 亿元[①]（图 1-5），赞助搜索广告的商业价值可见一斑。

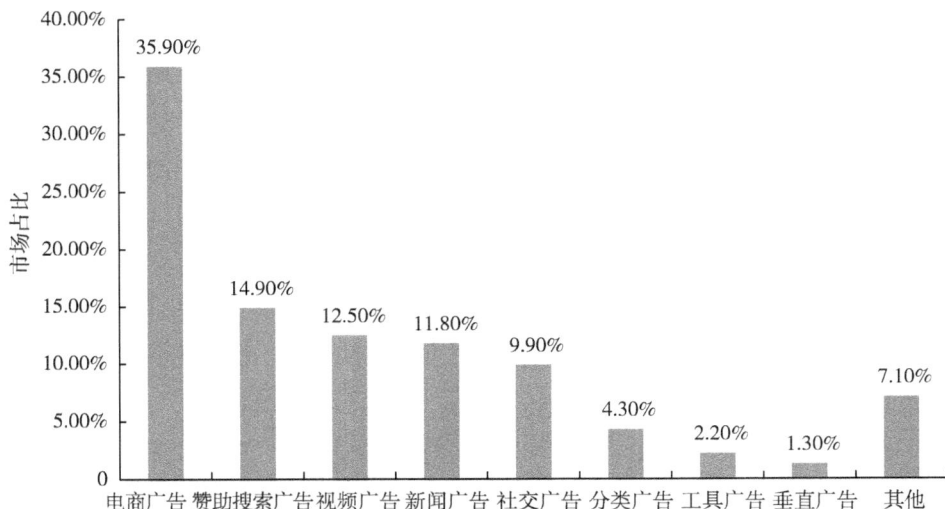

图 1-5 2019 年中国互联网广告平台类型结构
（来源：前瞻产业研究院）

并不是所有互联网广告都能让用户喜欢，有时用户会觉得广告侵扰了他们的上网体验。赞助搜索广告不同，不会像一些门户网站的横幅广告那样，

---

① 来自前瞻产业研究院的资料：https://bg.qianzhan.com/report/detail/bd27f3a20b7c47a0.html。

在打开网页的前几秒几乎占满整个电脑屏幕。当用户使用 Google 或百度时，赞助搜索广告只会占据搜索结果页面的小块空间（通常在页面右端或自然搜索结果的上方），而且只以图片和文字方式呈现，因此对用户正常的上网体验干扰较少。但是，并不是所有互联网广告的形式都像赞助搜索广告这样"安静"，广告出现频率过高、展示方式过于花哨和广告的盲目投放都会导致用户产生不良体验，在以购物平台为主要场景的电商网站中，用户搜索时使用的关键字能在一定程度上反映用户的消费偏好，这样赞助搜索广告能定向精准投放，避免上述问题，因此这也得到了电商平台的重视，广告主能更好地完成在线广告的个性化投放和优化。

通常情况下，广告投放系统由广告主、广告平台和广告目标群体构成一个稳定的基座。从平台收益来看，广告平台都倾向于将单次点击收入大且点击率高的广告呈现在用户的搜索结果页面上。从广告主角度而言，广告主希望广告平台呈现给用户的广告更符合用户的消费需求和偏好，这样广告的最终效果才能得到保证。从互联网用户的角度来看，用户往往希望推送的广告是自己感兴趣或有需求的，同时厌恶虚假、无关、低质的广告信息，甚至认为这类广告是对网络浏览和购物体验的打扰和损害。因此，赞助搜索广告全过程中的 3 个参与方是相互依赖、联系密切的。互联网用户通过搜索平台查询信息或感兴趣的商品；广告主通过赞助搜索广告这一形式向平台付费来达到宣传品牌或销售商品并最终盈利的目的；赞助搜索广告平台通过赞助搜索广告实现了丰厚盈利，整个过程形成了一个循环，在这个良性循环运行的情况下，三方都能得到收益（图 1-6）。

但是互联网用户的实际消费偏好与需求和呈现的广告之间匹配并不精准的情况在现实环境中经常存在。赞助搜索广告中，广告主通过参与竞价来获得每个关键字所对应的在搜索结果页面的广告位，从而在该广告位上显示自家产品的广告，竞价是否成功主要取决于广告主对该关键字的出价。在个人电脑和移动端上，用户通过搜索框输入关键字的方式去搜索，搜索结果包括广告和自然搜索结果，用户看到广告后是否点击链接是由用户主动选择的，当匹配不精准的情况出现时，循环中的三方都无法实现收益。而且随着互联网广告市场的日益壮大，无论是搜索引擎还是电商平台内的商家数量都在增

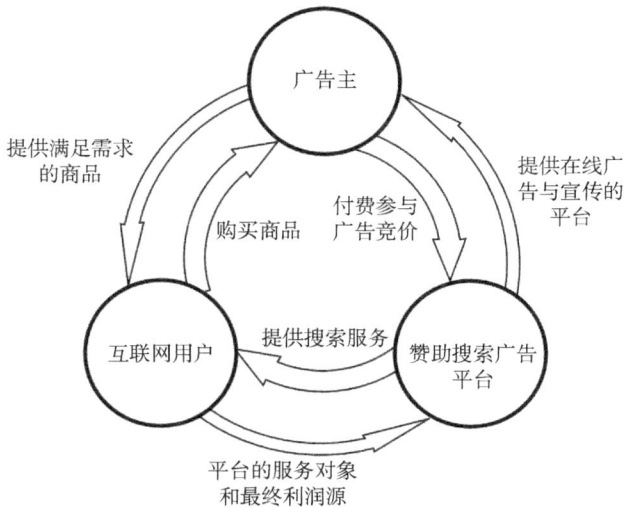

图1-6 赞助搜索广告过程的三方参与者

多，围绕优质关键字和展示位的竞争越来越白热化，不能全面获取用户的常用搜索关键字、不能根据目标客户精准选择投标关键字等都是广大中小广告主在进行赞助搜索广告时存在的主要问题，这些问题导致竞争对手间盲目进行价格竞争，浪费资金，广告营销的成本花费越来越高，但最终并不能达到预期的营销目标。

迄今为止，虽然赞助搜索广告在诸多行业的大中企业中颇受重视，但国内外关于赞助搜索广告的关键字的生成、扩展和选择问题的研究并不丰富，缺乏符合广告主实际复杂需求的研究成果。例如，广告主究竟怎样确定种子关键字？如何在仅有少数几个种子关键字的基础上，方便快捷地得到候选关键字集群？广告主怎样在不超出有限预算并尽可能节约的情况下，面对多平台的广告投放环境，从候选关键字集群中选出合适的关键字进行竞价，从而尽可能地最大化总收益？这些都是赞助搜索广告中亟待解决的现实问题。

1.2 围绕关键字的重点问题

对广告主而言，关键字是连接广告主、互联网用户和搜索平台的重要桥梁，广告主必须在赞助搜索广告系列的整个生命周期中处理一系列关键字决策。首先，在赞助搜索广告初期，广告主需要针对主推商品的产品特征和自身业务确定种子关键字，然后在种子关键字的基础上，运用各种方法和技术来生成并扩展关键字；其次，广告主需要在预算约束下，考虑最大化总收益，选出合适的关键字进行竞价；最后，广告主也并非高枕无忧，仍需要依据前期和中期的广告效果情况进行相应的调整，如适时增加或停用某些关键字。可见，关键字的生成、扩展和选择问题成为广告主进行赞助搜索广告所面临的实际难题。

当前的赞助搜索广告市场上，搜索用户的数量日益增加，这使得赞助搜索广告的潜在受众群体数量逐渐增长。与此同时，搜索用户的群体来源越来越复杂，搜索行为更具有不可预测性，广告主很难全面了解不同年龄、不同搜索习惯、不同教育背景、不同知识结构、不同购买偏好的众多互联网用户的搜索行为，以上正是导致搜索市场情况复杂多变的因素，也给广告主带来了挑战。目前，市面上广告平台有一些工具能帮助广告主完成关键字生成和选择的工作，学界也有一些相关研究提供了方法，但是普遍存在一些不足。

第一，现有的关键字生成与选择方法生成的关键字数量多但是相关性较低，或者其生成的关键字相关性较高但数量少且概念覆盖范围狭窄。本书提出的基于层次贝叶斯的关键字生成与选择方法所得到的关键字能在广告主的产品（或服务）及其经营业务的利基市场的覆盖率与相关性之间取得平衡。

第二，现有的方法生成的大多数是流行关键字。赞助搜索广告主要是以CPC（cost per click，即每点击成本，以点击次数计费）计费，不同关键字的CPC差别非常大。流行关键字往往流量很高，会由于竞价者众多而使得CPC居高不下，如果流量不能有效转化为购买力，那么广告主选择流行关键字的性价比并不高。长尾（long tail）关键字通常是非大众、低流量、专业性的关键字，根据相关研究，若广告主对大量的长尾关键字竞价，则来自它们的合并流量会达到流行关键字水平，但总成本会低很多。这种现象有相关研究用"产品可用性（product availability）"进行解释：互联网渠道比传统渠道具有更多的产品选择能力，从而有更多销售利基产品的机会。此外，长尾关键字具有更好的针对性，通常会带来更高的点击率。本书提出的关键字生成和扩展方法，能为广告主提供大量长尾关键字以满足需求。

第三，目前无论是赞助搜索广告平台的工具还是学界研究提供的方法，能提供的关键字数量相对较少。但是目前实际工作中部分广告主，特别是行业内的龙头企业，通常广告预算充裕，现有的方法在数量上显然难以满足这些广告主的需求，广告主会陷入无关键字竞标的尴尬状况。在这样的情形下，需要一种能提供更多数量关键字，又同时满足关键字相关性的关键字生成和扩展方法，本书的方法能够实现这些要求。

第四，现有的关键字选择方法只针对单一广告平台。目前，市面上的常用关键字工具的机制是来自单一平台的关键字运行数据，学界研究提供的方法也普遍没有考虑不同广告平台的特点。但是目前实际工作中大多数广告主为了扩大产品的宣传范围，往往会同时选择多个平台投放广告，而现有的方法提供的关键字往往只适用于一个平台，很少有能提供在多个平台中广告效果综合表现较好的关键字的方法。本书提出一种考虑不同广告平台用户群体特征的关键字选择方法，具有良好的多平台普适性，广告主运用本书的方法同时在多个广告平台进行关键字选择工作能实现相同预算下的更高收益。表1-2展示了当前市面上常用的广告平台关键字工具和现有方法的局限性。

表1-2 常用广告平台关键字工具和现有方法的局限性

公司	工具或方法	局限性
Google	Adwords's Keyword Planner	①推荐的数量较少，在几十个到一百个左右。 ②都是流行关键字，长尾关键字的推荐很少。 ③英文关键字的推荐效果更好，中文效果不如英文。 ④离开中国市场多年，对纯中文环境下的热点词，尤其是对国内在线中文站点、社区和小众群体流行趋势的把握滞后。 ⑤不能完全适用于其他平台

续表

公司	工具或方法	局限性
百度	百度搜索推广的关键字工具	①推荐的数量较少，在几十个到一百个左右。 ②都是流行关键字，长尾关键字的推荐很少。 ③推荐的主要是大众化关键字，很难体现自身产品的独特性，难以与竞争对手区分。 ④推荐的客观性不足，商业气氛较浓。 ⑤不能完全适用于其他平台
淘宝	淘宝提供3种工具： 淘宝直通车的流量解析； 淘宝的搜索下拉框推荐词； 阿里巴巴商家端平台，名为"生意参谋"	①推荐的数量较少，在几十个左右。 ②推荐的主要是淘宝网站内部出现的搜索词，范围窄，局限性较大。 ③难以捕捉淘宝网站之外的市场变化。 ④不能适用于淘宝以外的其他平台
现有方法	Yih 等（2006）；Abhishek 等（2007）；Chen 等（2008）；Agrawal 等（2013）；Wang 等（2016）	①推荐的数量较少，从几十个到几百个左右。 ②有些方法能提供少量长尾关键字，但数量不多，尤其难以提供大量小众的、专业性强的关键字。 ③普遍不能适用于多平台环境

本书的整体研究逻辑完整，3 个研究内容上前后衔接紧密、具有一致性，在第 5、第 6 和第 7 章中分别完成关键字生成、扩展和选择优化策略。具体而言，本书主要内容始于第 5 章的基于维基百科平面网页的文本挖掘来完成关键字生成，扩展到第 6 章的多网页链接层次网络结构进行关键字扩展，最后结束于第 7 章的跨平台多维用户画像特征的标签化提取来完成关键字选择，整体上基于层次贝叶斯和图链接等技术方法，解决了现有关键字方法的局限性，为广告主的关键字策略提供了更好的工具。本书主要内容的整体逻辑关系和研究脉络如图 1-7 所示。

本书研究的选题除了来源于行业现状的分析和提炼，还有来源于国家自然科学基金面上的项目：搜索竞价中关键字最优化策略研究（No. 71272236）和关键字竞价广告策略的多阶段联合优化研究（No. 71672067）。

章节	内容	研究脉络	优势
第5章	关键字生成	基于维基百科平面网页的文本挖掘	生成高相关性、专业性的长尾关键字
第6章	关键字扩展	多网页链接层次网络结构	不仅生成的关键字数量多，而且实现了覆盖性和相关性表现的良好平衡
第7章	关键字选择	跨平台多维用户画像特征的标签化提取	对多平台关键字选择有良好普适性；为广告主根据市场变化进行调整预留了空间

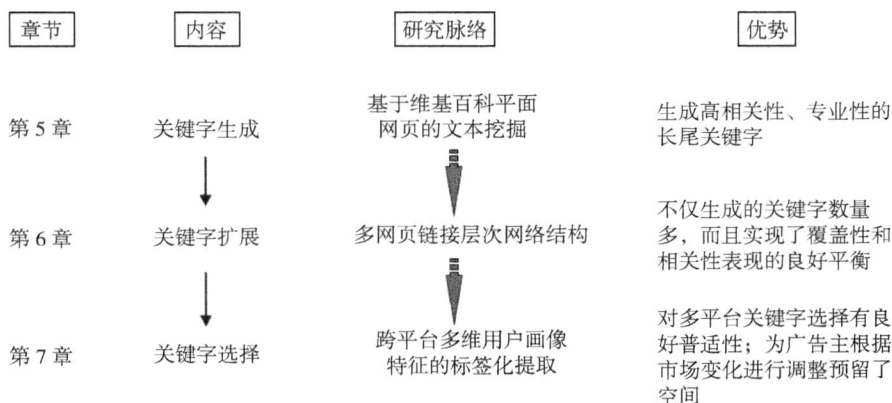

图1-7　本书主要内容的整体逻辑关系和研究脉络

1.3　关键字生成、扩展和选择的研究

本书从赞助搜索广告的不同层面出发，分别建立数学模型进行关键字生成、扩展和选择的研究，有着重要的理论及现实意义。

（1）理论意义

广告主要想实现赞助搜索广告的长期稳定的良好效果，就需要对搜索技术原理和用户的消费心理及需求有全面而深入的了解。但是搜索系统集合了包括庞大数据库和多种算法的技术创新，这使其专业性门槛高。本书的研究能帮助广告主把握互联网时代用户的消费特征，让搜索结果页面呈现的广告更加符合用户需求，帮助广告主提高利润率，增强广告主产品的品牌推广效果，提高赞助搜索广告总收益。用户搜索行为和结果的相关性是用户评价赞助搜索广告时考虑的重要因素，本书的研究为赞助搜索广告的响应速度、信息采集与效果反馈提供保障，让用户更加信赖某赞助搜索广告平台，从而产生用户黏度。

本书旨在针对复杂赞助搜索广告环境下广告主的关键字生成、扩展和选择问题，以及多平台投放赞助搜索广告的实际需求来设计关键字选择的模型策略，增强赞助搜索广告的最终效果，实现商品销量的提高，为今后赞助搜索广告后续活动的研究提供方法参考，拓展了赞助搜索广告关键字生成、扩展和多平台个性化赞助搜索广告选择策略的理论和方法的研究深度，为促进互联网营销和在线广告领域的发展提供了助力和参考。

本书第 5 章和第 6 章的研究集中于关键字的生成和扩展策略。现有的关于赞助搜索广告关键字生成、扩展的研究，一类主要基于网络内容和搜索引擎的查询日志的统计共现关系来度量关键字之间的相似性；另一类基于语义相似性的信息，往往需要人工建立语义概念层次图。上述这些方法得到的关键字大多数是流行关键字，数量少、范围有限且成本高。考虑到这些情况，本书提出的新的关键字的生成、扩展方法，是在以往工作的基础上，综合运用层次贝叶斯参数估计、图挖掘和链接分析、改进的扩展激活算法（MSA）算法、页面文本分析及语义关系分析等方法，设计更加符合广告主实际需求的关键字生成、扩展策略。第 5 章和第 6 章都进行了一系列实验，证明本书方法最终获得的关键字集合在数量、相关性、专业性、覆盖性这几大指标中均有较大优势。

本书随后的研究（第 7 章）聚焦于关键字的选择。当前的研究进行关键字选择时只考虑单一平台情况，因此当广告主面对多平台时基于现有方法的结果有效性较低。本书建立一个分层的非参数贝叶斯估计模型来考虑多平台环境中不同平台用户群体特征的关键字 CTR 指标，将每个关键字 CTR 的估计过程构建为中国餐馆过程（Chinese restaurant process，概率理论中的一种算法，简称 CRP）算法构造的 Dirichlet 过程，并在此基础上提出一种平衡品牌推广和利润的关键字选择策略。研究目的在于综合考虑不同平台的多维度因素来选择关键字，通过改进算法，以便根据多个平台上潜在消费群体的特征，实时并准确地为他们推荐个性化的关键字。运用智能优化方法来规划并求解模型，结合多种方法的优势，帮助广告主在搜索引擎营销的激烈竞争中制定最优的关键字选择策略。

（2）现实意义

搜索平台极具规模效应，流量往往会向头部聚集，无论是通用搜索引擎还是电商都会出现一家独大、赢家通吃的局面。这意味着，如果广告主能够长期良好地经营主流赞助搜索广告平台的广告就能获得稳定的回报。本书的研究能帮助广告主解决现有的赞助搜索广告投放效果不佳的问题，让广告主更适应互联网时代营销的特点和要求，本书的研究成果在赞助搜索广告关键字生成、扩展和选择3个环节中为广大企业的广告运营提供了决策支持，帮助广告主在赞助搜索广告营销的激烈竞争中制定最优的关键字策略，平衡关键字竞价的经济效益和推广成本，具有重要的现实意义。当前我国互联网行业正处于深耕国内市场的阶段，同时迎来了着眼国际、走出国门的黄金窗口期，在"一带一路"双多边合作发展的机制下，以赞助搜索广告为代表的互联网广告行业也迎来了战略机遇期，本书的研究为我国赞助搜索广告的良性发展和技术升级贡献了一份力量，帮助我国互联网行业的发展增强信息驱动力。

本书的现实贡献包括以下几点。第一，本书的研究能从总数巨大的互联网搜索词中生成和扩展能代表广告主产品市场的领域关键字集合。第二，本书的研究能克服用户搜索的不可预测行为造成的动词、形容词和名词的错误拼写及单/复数形式混淆，从而较为准确地把握用户搜索意图。第三，本书所得关键字的搜索量满足长尾分布，从而帮助广告主找到搜索量低但更具有价值的关键字。第四，本书的研究能满足广告主对平台交叉联动赞助搜索广告效果的要求，针对多个具有不同特点的多个广告平台实现系统性的关键字选择投放。第五，本书的研究能帮助广告主快速响应消费者变化，适应快速变化的互联网时代的市场。以上充分体现了本书选题和研究的现实意义。

1.4　研究内容

本书内容安排如下。

第1章首先介绍互联网广告行业的发展背景和赞助搜索广告主面临的现实问题，其次阐述本书的研究动机和选题来源，再次介绍本书关键字生成和选择研究的贡献和意义，以及全文各章节的安排和内容，并列举了本书研究关键字生成和选择所采用的方法、技术和算法，最后归纳提炼了本研究的主要创新点。

第2章首先介绍赞助搜索广告领域的主要研究，其次介绍常用的关键字工具并总结特点和不足，最后从关键字生成与选择研究这两个方面，充分分析了国内外研究现状并对现有关键字方法的特点和局限性进行总结。

第3章以全球最大的搜索引擎——Google 为例，研究它的赞助搜索广告系统 AdWords 的结构、参数形式、广告投放规则，在考虑广告主的推广需求，以及搜索竞价市场和关键字表现的不确定性的情况下，根据其赞助搜索广告竞价系统的广告结构与规则选择和组合关键字，构建合理的广告计划与广告组，以便最大化收益并最小化风险，为后续进行赞助搜索广告推广打下坚实基础。

第4章为赞助搜索广告广告主解释了关键字的重要意义，从整体的角度来分析赞助搜索广告的关键字，以帮助广告主理解关键字在对于广告的有效性和确保成功上至关重要的地位。具体分析了选择正确的关键字的好处，如可以帮助广告主得到适当的展示和点击率，提高转化率和投资回报率（ROI），从而为广告主带来良好的商业效益。

第5章为基于维基百科的赞助搜索广告关键字生成研究。这一部分提出一种基于维基百科的关键字生成方法。广告主只需要提供少数几个种子关键字即可，该方法通过处理维基百科的平面网页内容，构建关键字生成模型，并运用层次贝叶斯进行模型参数估计，最终生成关键字。

第6章为平衡覆盖性和相关性的赞助搜索广告关键字的扩展研究。这一部分提出一种基于多网页链接层次网络结构、兼顾了覆盖性和相关性的关键字扩展方法，以种子关键字的条目页面为起始节点构建有限网页链接图，通过对阈值的控制和 MSA 算法来确定链接图的边界，然后通过关键字生成模型对条目页面的词条进行排序，最终得到范围广泛同时与种子关键字具有密切关联的候选关键字集群。实验结果表明该方法具有良好表现效果。

第7章为多平台环境下的赞助搜索广告关键字选择策略研究。为了应对多平台下的高复杂度、多风险环境，广告主需要在关键字选择优化问题上考虑多平台因素，根据自身的广告目标，在多平台在线广告营销中寻求自身利益最大化。本章建立一种分层的非参数贝叶斯估计模型来考虑不同用户群体特征的关键字 CTR 指标，并在此基础上提出一种平衡品牌推广和利润的关键字选择策略。实验结果表明该方法能更好地帮助广告主实现关键字选择。

第8章为全书总结与研究展望。主要是回顾全书的研究内容，提出研究中的不足，为今后的研究提供参考和建议。

1.5 研究方法和技术路线

1.5.1 研究方法

本书中运用的研究方法如下。

（1）以维基百科平面网页为语料库的关键字生成方法

本书第5章是基于维基百科的关键字生成，首先分析维基百科的页面结构，然后运用爬虫技术爬取维基百科的原始条目页面和页面之间的链接，最后运用页面文本处理技术对网页文本进行处理，生成关键字。运用该方法，广告主只需要提供少数几个种子关键字，通过处理维基百科的结构和页面内容，构建关键字生成模型。这项研究中提出了一种层次贝叶斯参数估计方法用以获取关键字生成模型的主要参数。

（2）平衡覆盖性和相关性的赞助搜索广告关键字的扩展策略

本书第6章的内容是通过关键字生成得到少数关键字，并基于维基百科的层次链接关系对这些关键字进行扩展，该策略兼顾了覆盖性和相关性，利用维基百科中页面之间丰富的层次链接关系来选取关联度较高的页面作为来源对生成关键字进行扩展，最终得到范围广泛同时与种子关键字具有密切关联的候选关键字集群。该方法系统且深入地分析了维基百科的网页层次链接结构，以种子关键字的条目页面为起始节点构建有限网页链接图，运用MSA算法来确定链接图的终止阈值，然后通过关键字生成模型对条目页面的词条进行排序，最终得到某一特定领域的候选关键字的集群。该集群代表了该产品领域的整个潜在市场，也是广告主进行后续赞助搜索广告操作的基本依据。

（3）多平台环境下的赞助搜索广告关键字选择策略

本书第7章基于跨平台多维用户画像特征的标签化提取，提出非参数层次贝叶斯关键字CTR（NHBKC）模型，结合用户应对赞助搜索广告的实际场景来构造Dirichlet过程，在Gibbs采样的框架下估计出结果。在NHBKC模型估计结果的基础上，提出一种平衡品牌推广和利润的关键字选择策略。本书提出的多平台关键字选择方法能多维度综合考虑细分用户群体的行为和广告主的不同广告目标，最终能够更好地实现关键字选择。

1.5.2 技术路线

本研究尝试分析赞助搜索广告业务的三方参与者（赞助搜索广告平台、广告主和互联网用户），从广告主角度分析如何进行赞助搜索广告关键字的生成、扩展和选择这一系列工作才能够取得良好效果，充分考虑广告主在实际市场环境过程中面临的困难，并依次提炼成科学系统的研究问题，提出符合实际的解决方法和策略框架。由于赞助搜索广告的关键字策略是一个动态复杂的过程，本书的研究需要综合运用非参数分层贝叶斯参数估计、概率图、图挖掘和链接分析、MSA 算法、网页结构分析、Dirichlet 过程等，设计针对当前赞助搜索广告市场环境的关键字生成、扩展和跨平台选择优化策略。本书还建立了一个赞助搜索广告策略实验环境，结合来自互联网广告服务商提供的实际数据设计区组化的可控仿真实验场景，并以此对所提出的方法模型开展实验，通过与多种常用方法结果的比较和分析来验证本书方法的效果和实践价值，并得到能够指导管理实践的重要结论。本书总体技术路线如图 1-8 所示。

文献研究　　　　企业调研　　　　行业分析

提出问题

提炼关键字策略优化中的问题

定义问题

关键字生成　　　关键字扩展　　　关键字选择

建立模型

页面结构分析　网络爬虫　页面文本处理　贝叶斯参数估计

层次链接关系分析　图挖掘　MSA算法

用户画像分析　非参数层次贝叶斯　Dirichlet 过程　CRP算法

模型求解

展开实验

结果比较

研究结论和意义分析

研究展望

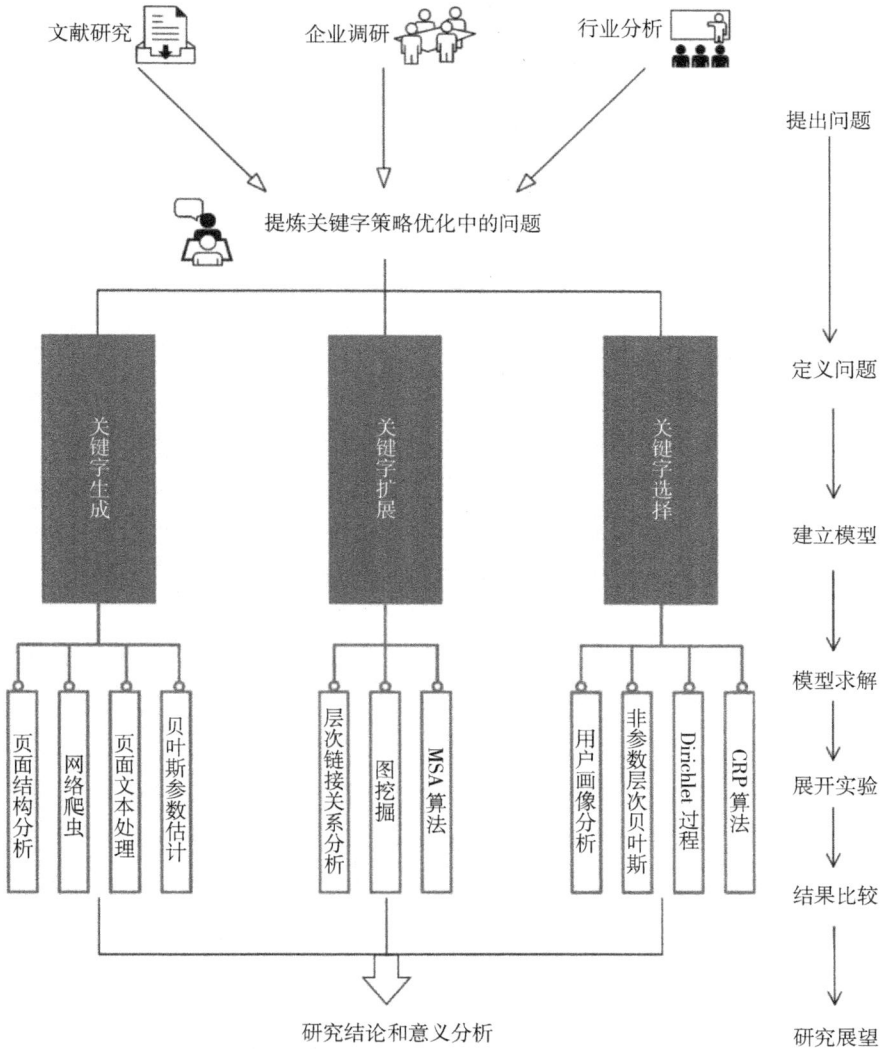

图 1-8　本书总体技术路线

第 2 章
赞助搜索广告的相关研究

国内外针对赞助搜索广告业务的三方参与者（赞助搜索广告平台、广告主和互联网用户）有着较为丰富的研究。

本章主要围绕赞助搜索广告的相关研究工作展开详细描述，首先，梳理赞助搜索广告领域的主要研究，并介绍其中的热点研究；其次，重点讨论赞助搜索广告的关键字研究现状，对国内外相关领域的现有研究加以整理；最后，找出现有研究的不足之处，为本书研究提供理论和方法上的借鉴。

2.1 赞助搜索广告

在过去的 20 年中，广告已从传统的线下渠道（如电视、广播、报纸和杂志等）发展成为互联网时代的在线渠道（如横幅广告、展示广告等）。由于互联网在沟通互动上具有便利性，互联网广告已从大众广告向更具个性化、针对性的广告转变。在传统广告时代，广告主只能选择消费者可能会接触到的媒体类型，而赞助搜索广告平台能够了解用户的特征和消费偏好，这就为定制广告提供了很大的空间。赞助搜索广告的其他优势还包括可衡量性和责任感。赞助搜索广告平台可以提供与广告主网站关联的关键字所产生的点击次数的数据，广告主可以对其进行分析以进一步改善其决策。

赞助搜索广告的参与者通常有三方：赞助搜索广告平台、广告主和互联网用户，他们各自的期望是不同的。赞助搜索广告平台希望掌控整个过程，广告主希望投放的广告能精准触及潜在客户，广告能促进销售，最终实现既定广告目标，而大多数互联网用户希望通过合适的广告找到能满足自己需求的产品。通过分析并总结相关文献，本节对于赞助搜索广告的研究主要从

3 个角度出发，包括以赞助搜索广告平台的角度、以广告主的角度和以互联网用户的角度来进行研究。

2.1.1　赞助搜索广告平台角度

赞助搜索广告平台必须平衡多方利益，首先必须保证有用的搜索结果呈现在页面，其次在确保互联网用户具备更好的搜索体验的前提下满足广告主对广告投放效果的需求，最后保证广告主参与的市场是高效且有利于业务的。赞助搜索广告平台主要通过关键字拍卖（也叫付费搜索拍卖、赞助搜索拍卖）的付费广告服务项目来实现赞助搜索广告。关键字拍卖是将拍卖理论应用于互联网广告领域的典范。在关键字拍卖研究方面，广大学者和业界人士已做出很多研究成果。关键字拍卖的是搜索结果页面的独立广告位（通常是搜索结果页面右侧的文字广告，从上到下呈线性排列，并清楚标记为"广告链接"）。每个广告主提交与特定关键字相关联的出价，拍卖根据竞价机制实时进行，符合条件的广告会根据出价匹配在相应广告位上。自然的方法是让竞标者支付其竞标价格，但这会导致恶性的价格比拼。为了避免这种问题，广告位开始以拍卖的方式出售，广义第一价格拍卖机制被运用到竞拍中。人们很快发现这种拍卖机制的问题，由于研究人员对于广义第一价格拍卖机制的研究越来越透彻，从而在其基础上制定了广义第二价格（GSP）机制。

Varian 的研究基于 Google 的赞助搜索广告拍卖来分析博弈均衡。Edelman 等调查"广义第二价格"（GSP）拍卖，这是搜索引擎用于销售在线广告的新机制。虽然 GSP 看起来类似于 Vickrey–Clarke–Groves（VCG）机制，但 GSP 和 VCG 的属性截然不同。GSP 在主导策略中通常不存在均衡，经研究证明，它通常是一个事后均衡；VCG 则以其主导战略均衡为特点，确保所有参与者获得相同的收益。Edelman 等对于赞助搜索广告的研究既考虑不完整信息的动态博弈又考虑完整信息的相应动态博弈，分析了不完全信息的潜在动态博弈并建立了在这种环境中任何动态博弈所能达到的均衡收益的上限。该研究使用这种均衡选择标准来评估赞助搜索广告平台的最佳设计，显示设定底价的最大增量收入不是来自低投标人的直接影响或对其他低价竞标者的间接影响，而是来自对高竞价者的间接影响。何继伟等研究的是搜索引擎与广告主的双向博弈，假设买方的估价和广告位的成本分别是广告主和搜索引擎的私有信息，建立双向叫价博弈模型。搜索引擎的排名方法和收费机制、各种机制下的均衡策略和搜索引擎的收益等也是研究热门，其中，GSP 规则下的搜索竞价排名机制问题吸引了国内研究者的注意。这些研究都致力于如何在赞助搜索广告竞价排名中使赞助搜索广告平台和广告主的总体收益之间实现最优平衡。此外，因为互联网上的其他部分领域在机制上与赞助搜索广告的拍卖具有相似之处，所以也为其提供了借鉴。

对于定价机制的研究，关键字拍卖通常从拍卖理论和博弈论的角度入手。Varian 着重于分析竞标者和不同的定价方案，并假设广告主以战略思维考虑问题。这几个研究将定价建模如下，每个广告主都有用户点击的私有值 v_i，并希望设置一个出价最大化的效用 u_i。在这种情况下，自然经济效用模型即是利润：$u_i=(u_i-p_i)c_i$，其中 p_i 是每次点击的价格，c_i 是发生点击的概率，由用户确定并受诸多因素影响。Varian 假定点击概率 c_i 可分离，即将广告 i 置于位置 j 的点击概率 $c_i=\alpha_i\beta_i$，其中 α_i 是预点击率，β_i 是特定位置的可见度因子，讨论了如何实现均衡。

研究者也进行了 VCG 与 GSP 机制的比较研究。考虑到出价人的预算可能会对广告投放流程产生重大影响，Abrams 等讨论了一个拍卖框架，目标是如何将广告分配给用户查询结果，使得在满足预算约束的情况下效率（或收入）最大化。该方法将投标人预算考虑在内，并将其与预测查询频率，以及定价和排名方案结合使用，以优化广告投放。该研究将其视为全局视角的线性问题，并在选定的时间段（如一小时或一整天）内协调广告客户的支出，通过预测查询量、广告主预算、出价及定价和排名算法的综合知识，制定了一个全面的数学框架。Bu 等为 GSP 机制引入了前瞻性纳什均衡的概念，表明它有一个独特的 GSP 解决方案，即每个投标人支付的成本和均衡下的拍卖者的收入都等于 VCG 机制下的成本。由于 GSP 不是激励兼容协议，前瞻性纳什均衡导致每个人的收益与 VCG 协议相同，这一事实证明了其合理性。Sakurai 等提出了一种名为 GSP-ExR（具有专有权的 GSP）的改进拍卖机制，可以动态调整搜索结果周围显示的广告数量，其与 GSP 的区别在于 GSP 是预先确定所显示的广告的数量，GSP-ExR 则根据出价动态调整广告数量，以改善社会盈余和卖方收入。Athey 等探讨广告主竞标排名的模型，通过将用户纳入模型来回答有关广告拍卖市场的设计如何影响整体福利及用户、搜索引擎和广告主之间的盈余分配的问题。该研究的模型框架能够提供有关底价政策、点击权重、促进产品多样性、广告主编写准确广告文字的激励、"搜索转发"聚合器、不同付款方案（如每次点击付费与付费的新见解，以及使用多阶段拍卖机制的可能性）。Gomes 等开发 GSP 拍卖的贝叶斯纳什分析，证明 GSP 的有效贝叶斯纳什均衡，并提供保证这种均衡存在的必要和充分条件。

在赞助搜索广告平台与广告主的匹配机制研究方面，Wu 使用来自淘宝网站的广告数据来量化价值并调查广告主与赞助搜索广告平台之间匹配的决定因素，研究结果表明在分散的匹配机制下，当平台处于完全匹配值信息下的集中匹配时，赞助搜索广告平台的利润接近于平均利润水平。该研究的另一个实验分析了平台技术和收入模型对标价与 GSP 竞价定价策略选择的影响，发现与从广告发布商那边获利的平台相比，从广告主那边获利的平台采取 GSP 拍卖的意愿可能更小。Trusov 等发现，尽管搜索引擎所覆盖的用户 Web 访问量比主要广告网络要小，但数据质量却更高。因此，即使使用较小的信息集，搜索引擎也可以有效地恢复消费者的行为概况。Lin 探讨网站能否提供更少甚至没有广告的网页内容版本，以及如何通过版本控制来区分广告资助的媒体价格并分析其对平台设计的影响，开发一种双面媒体模型并说明了价格歧视的一面可以增强歧视的动机，在这种自我强化的机制下，不同类型的用户所分配的广告很大程度上取决于广告为消费者带来的价值和为用户带来的麻烦哪个更多一些，如果麻烦的成本相对较低，则高度重视内容和广告质量的用户可能会看到更多广告。

对于赞助搜索广告，广告位的排名顺序能对广告效果产生影响。广告呈现的位置，对点击率的影响各有不同。尽管更高的排名可以增加点击次数，但这种收益可能无法弥补总体成本的增长。品牌广告主可能会对广告的高排名感兴趣，但并不真正在乎广告是否被点击，Agarwal 等运用分层贝叶斯模型评估不同广告位对赞助搜索广告的收入和利润的影响，通过分析在线零售商广告活动的数据来衡量不同广告位对关键字的点击率和转化率的影响，发现对于较长的关键字，点击率随广告位顺序排名的降低而减少；而转化率则随着排名先升高再降低。最终得出与传统观点相反的结论，即赞助搜索广告中最高广告位不一定收入或利润最大。Chan 等就广告主如何竞价广告位置的问题开发了一种两阶段消费者搜索模型，并模拟互联网用户如何搜索信息并做出购买决定的过程。该模型假设用户从上到下浏览信息并采用顺序搜索策略，使用从搜索引擎获得的数据集，证明广告排名的价值不仅取决于广告主在列表中的身份和位置，还取决于表现出独特搜索行为的在线消费者的构成。Chen 等提出了一种在商品属性水平不确定的情况下的用户顺序搜索结构模型，该模型可以整合用户的搜索和优化决策并依赖于将消费者效用和搜索成本区分开的排除限制变量，由于此类变量通常在在线点击流数据中可用，该模型比较适用于可轻松收集此类数据的在线购物网站。Ursu 分析了 Expedia 使用排名（有序列表）的数据集，梳理了广告排名的因果关系，得出排名会影响消费者搜索的内容但不会影响购买、使用顺序搜索模型量化排名所得出的效果会比估算值低、使用模型预测和数据集来显示排名可以达到降低搜索成本但不影响用户的期望或效用的目的等结论。

2.1.2　广告主角度

广告主通常在定位上有着各自不同的目标。一些广告主希望宣传自己的品牌，一些广告主希望提高销售量，其他广告主则出于维护品牌形象的目的在与其业务相关的特定关键字上做广告。预算充裕的广告主，愿意花费尽可能多的钱来实现预期目标，而有些广告主是为了寻求获得更多点击和眼球，还有些广告主试图优化其 ROI。所以，从广告主的角度展开的研究角度多种多样。

预算方面的研究是一大热点，如广告预算在两个在线渠道之间如何分配才能得到最佳效果和如何优化预算受限的广告支出。Goertz 等将关联产品的价格作为决定广告主预算决策方案的另一类决策变量。在广告主定价策略方面，Zhou 等通过研究报复性报价环境下的纳什均衡，发现均衡很难实现。Tunuguntla 等考虑库存可用性信息，为在短期内出售易腐产品的在线零售商广告主提供定价协助，通过设计一个决策支持模型以赞助搜索广告吸引客户访问零售商网站，为零售商提供战略性出价和定价决策。该决策支持模型在多周期随机动态规划框架中以动态定价补充搜索竞标，分析表明对零售商来说，在低库存水平下对出价进行大量投资是最佳选择，而在库存水平较高时，应该使用价格促销来提高利润。广告主需要在有限预算下对关键字进行适当分组，以最大限度地提高赞助搜索广告的效果，Li 等的研究中以最大化赞助搜索广告活动的预期利润为目标构建关键字分组的随机模型，使用机会约束描述分组策略满足预算约束的概率并用广告计划级别中每预算单位下的利润方差来衡量广告主的风险承受能力，以帮助广告主平衡预期利润和风险。Sayedi 等研究赞助搜索广告的独家投放，在允许排他性存在的情况下广告通过拍卖出售是否会因为广告主之间的竞争效应而增加广告平台的收入。

由于关键字属性对广告效果有影响，关键字的属性研究是热点之一。Jansen 等通过来自美国一家大型零售商近 4 年的广告数据，分析了将广告链接到搜索者查询的关键短语中所表现出的性能与品牌术语的使用之间的关系，包括分析广告指标的使用品牌术语、点击次数、每次点击费用、产生的销售收入、订单数量、订购商品数量、广告回报率费用，以及这些关键字触发的展示次数。经研究结果表明，在关键短语和广告中匹配品牌术语相对于所有检查指标的关键短语或广告的任何其他组合均具有显著优势，因此广告主对赞助搜索广告的品牌术语的关注可能对提升广告的有效性和效率非常有益。Desai 等研究的目的是了解广告主购买自己或竞争对手的品牌名称作为关键字的战略利益和成本，这项研究根据同一结果页面上竞争对手广告的存在与否来模拟赞助搜索广告的效果，结果发现品牌所有者和竞争对手之间的质量差异可以缓和二者的购买决策，而且对竞争对手的品牌名称进行竞标会导致囚徒困境。

随着现在互联网广告信息提供了丰富的竞争信息，广告主在选择关键字时变得更具战略性。Yang 和 Ghose 通过模拟和估算，深入研究了自然搜索列表（非付费搜索结果）与付费赞助搜索广告（商家付费以提升搜索排名的广告）之间的相互作用。他们基于一家全国主要零售商连锁店的关键字搜索数据，分析了消费者对这两种搜索结果的响应。实证结果显示，自然搜索列表的点击量与付费赞助搜索广告的点击量之间存在正向的相互依赖关系，即一方点击量的增加会带动另一方点击量的增加。更为有趣的是，这种积极的相互依赖性呈现出不对称性。具体来说，自然搜索列表点击量对付费赞助搜索广告点击量增加的影响，要显著强于付费赞助搜索广告点击量对自然搜索列表点击量增加的影响。具体来说，前者的效用是后者的 3.5 倍。这一发现揭示了自然搜索结果在消费者搜索行为中的核心地位及其对付费广告效果的显著影响。Animesh 等研究考察了赞助搜索广告市场中广告主之间的竞争，开发并测试了一种可预测搜索设置中广告主列表的点击率的模型。该研究认为点击率由广告主的定位和策略共同驱动，这体现在"广告创意"中的独特销售主张（unique selling proposition，USP）、广告在搜索结果列表中的排名、焦点广告主列表周围竞争的性质，以及广告主的定位策略及其在列表中的排名对点击率的影响在很大程度上得益于其将自己与相邻竞争对手区分开的能力。关键字选择与投放策略对赞助搜索广告的绩效和 ROI 产生影响，可通过点击量和直接、间接销售来测量。Amin 等考虑参与重复搜索竞价的广告主所面临的预算优化问题，将预算优化问题作为具有截尾观测的马尔可夫决策过程，并提出基于 Kaplan-Meier 的学习算法，力求最大限度地提高该预算下获得的点击次数。杨彦武等为广告主提出了一个针对赞助搜索广告整个生命周期的关键字策略模型。Dinner 等发现搜索和展示广告与传统广告存在跨渠道效应。Seiler 等追踪广告如何影响购买路径上的消费者行为，发现购买量出现增长是由相同数量的消费者购买更多相同品牌的产品推动的。Simonov 等研究赞助搜索广告中品牌关键字的竞争和排挤现象，当没有竞争对手存在时品牌广告的积极影响为 1%～4%，而较大的品牌仅具有较小的因果效应。在这种情况下，有效的"每次增量点击成本"明显高于焦点品牌为其他关键字支付的费用。赞助搜索广告中的渠道协调对制造商和零售商来说是一项重要但复杂的管理决策。由于搜索广告市场高度集中，制造商和零售商的广告通常竞争多过合作，Cao 等的模型从制造商的角度规定了最优的合作广告策略。

广告位置的研究也备受研究者的关注。Anderson 等分析了广告位置对广告效果的影响，通过对著名服装零售商出售的自有品牌产品的客户评论进行分析，结果表明没有观察到确认交易的评论中有 5% 的产品评分要比有确认交易的评论低得多。在广告位置的 CTR 与广告主的知名度的研究方面，Jeziorski 等提出了一项重要发现，他们指出，赞助搜索广告通常以一种有序列表的形式呈现，广告突出了列表上方的广告和广告主，他们进一步研究了这两种突出显示如何相互作用来确定这些广告的点击率。研究使用了来自微软 Live Search 平台的点击流数据和来自 Alexa.com 的广告主知名度衡量标准，发现广告位置和广告主的突出性是可互相替代的，具体而言，在搜索相机品牌时，没有进入 Alexa 排名前 100 位的零售商的广告位置 1 的 CTR 比位置 2 的提高 30%～50%，而 Alexa 排名前 100 位的零售商中，CTR 的提高最多不超过 13%。

在广告主的关键字市场决策方面，Li 等使用来自在线珠宝零售商的数百个关键字的 6 个月面板数据来估计联立方程模型，模拟了广告主对关键字的出价决策、搜索引擎对这些关键字的排名决策，以及每个关键字的点击率和转化率之间的关系，并分析了归因策略对整体 ROI 的影响。Lu 等通过实证检验广告主关键字市场进入决策中的溢出效应，即广告主使用关键字的可能性受到竞争对手关键字输入决策的影响，用反事实模拟证明了由信息提供者提供的特定关键字的竞争信息可以将搜索引擎的收入提高约 5.7%。该研究开发了一个结构模型来描述广告主的关键字市场进入决策，研究结果表明广告主的预期位置会影响竞价的性质，特别是来自排名较低的竞争对手的溢出效应总是正面的，而来自排名较高的竞争对手的溢出效应则正负皆有可能，上位排名广告的溢出效应受到企业产品线特征的定向影响，还证明了排名靠前的广告的溢出效应受到公司在分销渠道中的地位的影响：上游对下游公司的影响往往是负的，而下游对上游公司却相反。Yang 等对团体广告决策进行了建模，这些决策是在竞争同一拍卖或垂直行业的广告主集体中的每个广告主的集体决策，并通过 EXP-SEA（赞助搜索广告实验性平台）支持赞助搜索广告背景下集体行为的实验研究。国内近几年的焦点主要在赞助搜索广告转化率的预测、广告投放策略研究和关键字组合策略研究等领域。

在广告主关键字竞价拍卖方面的研究相当丰富。Jerath 等研究了在搜索引擎上竞标广告位置的具有垂直差异化广告主的竞价策略，尤其关注"位置悖论"，即优秀广告主只需支付较少的广告费，在较低广告位上仍然可以获得比劣质广告主更多的点击。在按点击付费的机制下，劣质广告主将得到更强的激励，因此搜索引擎可能有动力提高劣质广告主的出价，并在战略上创造"位置悖论"以增加用户的整体点击率。Abhishek 等通过研究赞助搜索广告拍卖中广告主的最佳出价策略，提供了一个分析模型来计算广告客户投资组合中关键字的最优出价，并使用来自赞助搜索广告系列的数据估算模型的参数及如何在实验中使用模型计算的出价，结果表明模型在实践中非常有效。研究还以通用关键字向品牌关键字的正溢出的形式来扩展模型以考虑关键字之间的互动，使用动态线性模型框架估计溢出效应，并使用近似动态编程方法联合优化关键字的出价。对广告主而言，在多个耦合的广告系列（例如，替代广告和互补广告）上进行预算决策是一项艰巨而重要的任务，Yang 等考虑广告活动之间的替代关系，提出了一种使用最优控制技术的动态多活动预算决策方法，提出了活动之间替代关系的三维度量，即活动内容、促销期限和目标区域的重叠程度。Zhao 等不直接生成出价，而是为每个小时的展示次数确定出价模型并相应地执行实时出价。

2.1.3 互联网用户角度

互联网用户通过搜索平台获取信息和商品指引。此外，他们还通过搜索平台发现购物机会、优惠交易和新产品。搜索平台每天有数百万的用户，各自具有不同的目标和行为模式，用户搜索行为，以及浏览和点击模式在不同搜索目标中会产生不同的变化。他们通过创建、扩大与品牌相关的消息并与之交互，来积极参与有关品牌的对话，这些用户活动会生成大量结构化和非结构化数据，广告主可以挖掘这些数据来了解用户的兴趣和偏好。Attenberg 等研究了赞助搜索广告上的用户行为并将这种行为与自然搜索结果进行了比较，着重于确定用户行为的模式并预测未来的预期现场行动，尤其展示了查询、广告、站点和用户的各种属性如何影响看到搜索结果后的用户的行为。Wang 等通过数据仿真的方法来研究影响互联网用户点击行为与用户特征之间的关系。Cheng 等设计了一种分析人口统计特征的模型，该模型显著提高了预测用户点击的准确性。Jerath 等研究了在搜索引擎上进行关键字搜索之后，互联网用户在自然链接和广告链接上的点击行为，通过研究发现关键字搜索后的用户点击活动较低，而且主要集中在有机名单上。但是，较不受欢迎的关键字（搜索量较低的关键字）的搜索与每次搜索的点击次数及广告点击次数的比例具有更强的相关性，说明搜索不那么受欢迎的关键字的用户在搜索信息上花费了更多精力且更有购买意向，这一结果表明广告主应该多关注这些不那么受欢迎的关键字。Bronnenberg 等使用用户搜索数码相机属性信息的数据集来描述在线消费者对差异化耐用品的搜索行为，发现当用户进行广泛搜索时，购买前平均搜索 14 次，且早期搜索可以高度预测最终购买的相机的特性。Liu 等研究了从用户的搜索查询中即时评估用户的内容偏好，通过引入主题模型，应用分层双重潜在 Dirichlet 分配使得估算的内容偏好可用于解释和预测赞助搜索广告中的点击率。国内的学者中，张志强等提出的方法能提升广告点击率的预估精度，提出了稀疏特征学习方法以解决广告数据的高维稀疏性问题，基于用户特征画像数据建立点击率预估模型，并运用张量分解实现特征降维。

　　关于广告效果，部分研究关注用户搜索时使用故意顺序对有序搜索均衡的影响。Novak 等研究了在线消费者体验的影响。Bulut 使用隐主题模型进行转化预测。Abhishek 等分析赞助搜索广告数据的聚合偏差。Agarwal 等考察了竞争性广告对搜索竞价中广告点击表现的影响，研究使用了 1267 个与搜索引擎中的 360 个关键字相关但广告质量不同的关键字，以评估点击效果。经研究发现，与竞争性低质量广告相比，出现在焦点广告上方的竞争性高质量广告对点击表现的负面影响较小。而且这种影响因广告位置和关键字类型而异，研究揭示了用户在赞助搜索广告中评估不同质量广告的行为可以帮助广告主更好地评估各种类型关键字在不同位置的相对表现。Jansen 等以广告转化为指标评估赞助搜索广告表现。关键字的歧义是互联网用户进行搜索时常遇到的问题，Gong 等探讨了关键字歧义性如何影响赞助搜索广告的效果，提出了一种基于机器学习和计算语言学的概率主题模型的自动检查关键字歧义的方法，使用分层的贝叶斯方法研究了关键字歧义性对关键字效果的影响，发现关键字歧义性对点击率的总体影响因位置而异，具体而言，较高的关键字歧义性与排名靠前广告的 CTR 具有较高相关性，但随着广告在屏幕位置的不断下移，CTR 降低的速度不断加快。Yu 等研究了互联网用户在决定点击赞助搜索广告时所使用的机制，主要探讨了广告功能和用户特征的各个方面，这些方面将影响用户对赞助搜索广告及其点击行为的看法；并且提出了一种基于突出解释理论和启发式系统模型的统一研究模型。Long 等利用赞助搜索广告中的不对称信息帮助广告主设计在线平台。

2.2　关键字生成、扩展与选择

2.2.1　关键字生成的工具

赞助搜索广告市场的繁荣促进了广告主对关键字的需求。由于关键字生成工作有技术要求，很多广告主不具备相应的技能和知识，只能凭借传统广告的经验，以自家品牌或产品名称为基础进行排列组合来得到少数几组关键字。随着赞助搜索广告的发展，出现了一些关键字工具，为广告主进行赞助搜索广告提供帮助。

（1）常用的关键字生成工具和方法

提起关键字生成工具，很多广告主仅仅对以 Google 为代表的行业龙头企业推出的工具较为熟悉。实际上当前赞助搜索广告市场中，广告主进行关键字生成的工具和方法并不局限于单一途径，有的直接借助免费的工具生成关键字；有的通过对自家产品或品牌名称的分析和排列组合得到关键字；有的借助爬虫软件在互联网上获取用户的高频词。目前，国际和国内赞助搜索广告市场上有不少关键字生成工具或方法，主要区别在于从不同的媒介作为来源得到关键字。表 2-1 提供了不同媒介来源的关键字生成的一部分常见的工具或方法。

表 2-1　关键字生成的部分常见工具或方法

关键字来源	工具或方法
关键字生成工具	Wordy, Ubersuggest, Wordtracker Scout, Keyword Tool, Soovle, Google Trends, TermsNet, K-Meta, WordStream, Google AdWords Planner, SEMRush
本公司数据	商品或品牌名称的排列，利用爬虫程序获取
外部网络	利用 Feed、广泛匹配和爬虫程序等获取
人工	专家集思广益，头脑风暴法

（2）常用的关键字生成工具或方法的比较

用不同的媒介作为来源，广告主得到关键字的渠道不一样，结果也会有所区别。以下为比较不同媒介来源的关键字生成工具或方法。

第一，现有的关键字生成工具。如果广告主缺乏专业的赞助搜索广告团队，或不具备获取关键字的技术能力，可以借助已有的关键字生成工具得到大众化的结果。表 2-1 中列举了很多免费的在线工具，如 Ubersuggest[①]，Wordtracker[②] 等。有一部分工具，如 Wordy 或 TermsNet，通过添加给定关键字的同义词和语义变化形态为广告主生成关键字。Google AdWords Planner[③] 是 Google 提供的关键字生成工具，使用非常广泛，可以识别广告主给定的种子关键字并提供进一步的关键字建议。Google Trends[④] 也是 Google 提供的关键字生成工具，它最大的特点是集合了社会热点词，通过分析 Google 每天数十亿的搜索数据，告诉用户某一关键字或话题在各个时期下在 Google 搜索引擎中展示的频率及其相关统计数据。Soovle[⑤] 是一个文字云整合搜索工具，整合了多个在线平台的搜索结果，如 Amazon、维基百科、YouTube、Google、Yahoo、Bing、eBay、Netflex 等。SEMRush[⑥] 提供的模块 "Keyword magic tool" 是一款关键字挖掘工具，可以设定参数，如搜索量、点击价格、竞价竞争度等，为广告主提供相关联的一整套关键字矩阵，还有一个有用的模块 "Keyword difficulty"，可以进行关键字的竞争分析。

第二，本公司数据。如果广告主有能力搜集本公司的数据，如产品信息、产品或服务的属性、供应商信息、用户信息或其他网站内容，那么就可以利用爬虫程序获取关键字。例如，合理运用广告主在线商店的内部搜索引擎，用户在搜索引擎中使用的关键字有望成为候选关键字，这是因为内部搜

---

① Ubersuggest 的网址见 https：//neilpatel.com/cn/ubersuggest/。

② Wordtracker 的网址见 https：//www.wordtracker.com/。

③ Google AdWords Planner 的网址见 https：//ads.google.com/intl/en_en/home/tools/keyword-planner/。

④ Google Trends 的网址见 https：//trends.google.com/trends/。

⑤ Soovle 的网址见 https：//soovle.com/。

⑥ SEMRush 的网址见 https：//www.semrush.com/。

索引擎主要由有着明确消费目标的用户使用，他们更有可能转化为购买者。研究分析表明，在电商内部进行搜索的用户中有 7.46% 转换为购买者，而没有使用内部搜索的用户中只有 1.52% 最终在商店中购买了商品，两个数据之间大约有 6 个百分点的明显差异。这项研究表明使用这些关键字查询的通用搜索引擎用户有更高的购买意愿，因此广告主完全可以收集和充分运用这些关键字。

第三，外部网络。如果广告主缺乏自有数据，第三方数据也可以使用，如通过分析竞争对手的网站得到数据，或者合理利用消费品领域中一种被广泛使用的简单且实用的工具，即产品 Feed。Feed 将若干消息源组合在一起形成内容聚合器，通常出现在新闻消息类网站首页的醒目位置。产品 Feed 主要是利用产品属性和产品名称组合排列生成关键字。广告主也可以利用通用搜索引擎（如 Google、Yahoo、百度或 Bing）的广泛匹配（或高级匹配）。广泛匹配会利用算法自动为种子关键字展开联想并提供语义上相似的推荐词。举例来说，如果广告主想竞标关键字"apple"，则 Google 的广泛匹配会给出"apple daily""apple watch""apple tv""apple pencil"等一系列联想词。百度搜索引擎也提供百度搜索联想词功能，它会在用户输入搜索关键字时，自动提示与搜索关键字相关的其他词汇，帮助用户更快地找到需要的信息。这些联想词的生成基于多种因素，包括用户搜索行为、实时检索其他用户的查询词、搜索引擎营销和优化活动，以及广告相关的关键词等。此外，百度还会根据其算法对不同领域、主题的热门搜索关键词进行筛选和推荐，这些关键词也出现在下拉建议框中。总的来说，百度搜索联想词旨在帮助用户更准确、更快捷地找到需要的信息，提高搜索效率和用户体验。当用户搜索这些不相同的联想词时，他们很可能希望看到的是同样或类似的广告，这样广泛匹配提供的这些联想关键字就可能帮助到广告主。与 Wordy 或 TermsNet 等工具相比，广泛匹配基于通用搜索引擎，可以借助海量的用户搜索信息分析出用户的查询热点词。

第四，人工方法。如果广告主缺乏专业的工具，可以召集设计、营销、客服等相关工作人员，采用头脑风暴法，大家集思广益，以本公司现有产品的通用名称为种子关键字，搜集和扩展关键字。

（3）常用的关键字生成工具或方法的不足

虽然当前市场上有着众多关键字生成的工具或方法，其中不乏免费使用的产品，但是这些工具或方法普遍存在一些不足。

首先，现有的关键字生成工具或方法获得的关键字绝大多数都是流行关键字，虽然能提供大众化的方案，但是行业内的竞争对手也能得到相同的方案，众多广告主竞价相同的流行关键字，最终中标的广告主需要花费很高的成本，导致流行关键字性价比不高。

其次，很多现有的关键字生成工具是模式化产品，生成的结果千篇一律，没有针对每个广告主的独特需求（如广告主有客户细分的要求）进行方案优化，不能根据每个广告主的特有需求提供定制化专业方案，这显然不能满足一些需求较高的广告主。

再次，现在广告主对于赞助搜索广告效果的要求更加精细化，在不断变化的市场环境下广告目标需要适时调整，而且当前复杂的市场环境客观上需要在多重广告目标中进行权衡（如广告主需要平衡品牌推广和利润），但现有的关键字生成工具或方法并不能帮助广告主实现这些要求。

最后，无论是哪种媒介来源的关键字的生成工具或方法提供的关键字数量都较少，难以满足预算充裕的广告主的需求。

以上这些不足促使广告主寻求更好的关键字生成方法。

2.2.2　关键字生成、扩展与选择的研究

赞助搜索广告的诞生时间不长，早期的研究者们从信息检索领域获得了灵感，结合了该领域的一些模型和方法来完成关键字生成、扩展和选择工作。随着赞助搜索广告的发展，企业对这种广告形式更加重视，希望得到更好的广告效果。部分企业，尤其是大型互联网广告公司提供了海量的真实用户数据，很多研究是通过对真实用户数据进行分析和提炼得到的关键字。与此同时，一些研究者引入机器学习方法解决方案，通过训练真实标记数据的模型，提高获取关键字的精确度。通过长时间对实际的赞助搜索广告效果的观察，发现流行关键字虽然流量大、关注度高，但性价比不高，鉴于这种情况，有相关研究正在探索如何获取长尾关键字。为了弥补生成关键字涵盖面

不足的问题，近年有一些研究工作尝试运用维基百科作为词库来完成关键字生成、扩展和选择工作。

（1）结合信息检索的关键字生成、扩展与选择的早期研究

赞助搜索广告是广告大家庭中较为年轻的成员，早期的研究以国外为主，大多结合了信息检索领域的一些模型和方法，表 2-2 列举了该领域早期的代表性研究。

表 2-2　关键字生成、扩展与选择的早期代表性研究

标题	作者	论文来源
Finding Advertising Keywords on Web Pages	Yih 等（2006）	15th International Conference on World Wide Web
Logistic Regression and Collaborative Filtering for Sponsored Search Term Recommendation	Bartz 等（2006）	2nd Workshop on Sponsored Search Auctions
Generating Query Substitutions	Jones 等（2006）	15th International Conference on World Wide Web
An Adaptive Algorithm for Selecting Profitable Keywords for Search-based Advertising Services	Rusmevichientong 等（2006）	7th ACM Conference on Electronic Commerce
Keyword Generation for Search Engine Advertising Using Semantic Similarity Between Terms	Abhishek 等（2007）	9th International Conference on Electronic Commerce
A Keyword Extraction Based Model for Web Advertisement	Zhou 等（2007）	9th International Conference on Electronic Commerce
Using the Wisdom of the Crowds for Keyword Generation	Fuxman 等（2008）	17th International Conference on World Wide Web

标题	作者	论文来源
Advertising Keyword Suggestion Based on Concept Hierarchy	Chen 等（2008）	International Conference on Web Search and Web Data Mining（2008）
Keyword Optimization in Sponsored Search via Feature Selection	Kiritchenko 等（2008）	New Challenges for Feature Selection in Data Mining and Knowledge Discovery（2008）
Advertising Keyword Generation Using Active Learning	Wu 等（2009）	18th International Conference on World Wide Web

　　在这些早期研究中，Yih 等设计了一个学习如何从网页中提取广告关键字的系统，该系统能够综合分析关键字的众多数据，如每个潜在关键字的术语频率、反向文档频率、元数据中的存在及该术语在搜索查询日志中出现的频率。Bartz 等使用搜索日志中的词法特征和功能的逻辑回归模型，模型中术语相关概率的对数被建模为特征值的线性函数并使用最大似然训练模型，该模型用于预测关键字的推广表现来帮助广告主发现与其产品或服务相关的关键字。考虑到逻辑回归在预测概率领域的广泛使用，Jones 等基于互联网用户对关键字的查询进行典型替换，这样新关键字就与原始查询紧密相关。Rusmevichientong 等在基于搜索的广告服务中制定关键字选择的程式化模型，运用一种近似自适应算法，假设利润已知、点击率未知，根据预期的成本与成本比率的降序对关键字进行优先排序，实验证明了算法产生的平均预期收益逐渐收敛到接近最优的收益水平，收敛率与关键字的数量无关，并且算法收敛速度快。早期部分研究设计了关键字生成的工具，如 TermsNet 和 Wordy，通过添加给定关键字的同义词和语义变化形态为广告主生成关键字。其中，Abhishek 等通过建立基于 Web 的核函数来构建术语之间的语义相似性，使用分水岭算法遍历相似性图以生成相关但更便宜的关键字，广告主可以使用该方法在给定其网站的情况下生成相关关键字。

　　另一些研究通过关键字的某些特征来帮助广告主选择关键字。查询日志是常用的关键字来源。Fuxman 等通过使用搜索引擎的查询日志，利用用户点击捕获的查询和 URL 之间的关联来识别与广告系列相关的查询，这些查询捕获了与网站相关的"人群的智慧"。该研究将关键字生成问题表述为半监督学习问题，提出 ARW 模型并在随机马尔可夫模型内提出算法。Chen 等结合概念语义关系生成关键字。Kiritchenko 等使用功能选择技术来推荐关键字，通过过去用户查询的所有可能单词组合的集合来识别最有利可图的关键字，还可以发现关键字和其他相关单词之间更具体的组合。Wu 等提出了一种基于相关反馈的交互式模型用于关键字生成，将相关术语的排名公式转化为有监督的学习问题，利用用户相关性反馈信息，并主动学习候选术语，以选择对用户而言最具信息价值的样本。

（2）运用不同的数据来源的关键字生成、扩展与选择研究

随着赞助搜索广告的发展，越来越多的企业开始重视这种新兴的在线广告，一部分具有科研实力的搜索引擎公司和研究者通过对海量用户数据进行分析处理从中提炼关键字（表 2-3）。

表 2-3　运用不同的用户数据来源的关键字生成、扩展与选择研究

标题	作者	论文来源
Search Advertising Using Web Relevance Feedback	Broder 等（2008）	17th ACM Conference on Information and Knowledge Management
Optimizing Relevance and Revenue in Ad Search：A Query Substitution Approach	Radlinski 等（2008）	31st Annual International ACM SIGIR Conference on Research and Development in Information Retrieval
Towards Intent-Driven Bidterm Suggestion	Chang 等（2009）	18th International Conference on World Wide Web
Online Expansion of Rare Queries for Sponsored Search	Broder 等（2009）	18th International Conference on World Wide Web
BidTerm Suggestion for Advertising Webpages	Mostafa（2012）	International Conference on Advances in Social Networks Analysis and Mining（2012）

续表

标题	作者	论文来源
From Query Log to Competitive Advertising: A Business Intelligence Method for Elaborating Consideration Set of Keywords	Wei 等（2013）	International Conference on Management Science and Engineering（2013）
A Novel Keyword Suggestion Method to Achieve Competitive Advertising on Search Engines	Qiao 等（2015）	Pacific Asia Conference on Information Systems（2015）

　　雅虎研究院的研究人员通过对本公司历史数据的处理来分析关键字的特征权重，帮助广告主选择关键字。Chang 等提供了一个对广告主的意图进行建模的系统，可以找到与该意图一致的新关键字。目前，大部分工作是将关键字选择工作与关键字的生成和扩展工作混合到一起。由于赞助搜索广告诞生时间不长，广告主往往通过营销工作来积累经验，广告主多采用广泛匹配策略的方式来进行关键字选择，也就是说常用的是流行关键字或品牌关键词。研究显示，广泛匹配可以扩大目标的范围。Broder 等将广告与未经离线处理的罕见查询进行匹配，通过利用针对相关流行查询完成的脱机处理来构建扩展的查询关键字。Li 等认为关键字选择问题与多臂匪徒问题相似，并使用 Gittins 索引以每阶段一个关键字的方式解决该问题，对于每个阶段有多个关键字的问题提出了策略。Mostafa 提出了一种基于查询日志的关键字生成方法，以网页中的频繁术语及包括这些单词的词法关系（同义词）来建议关键字。Wei 等提出了竞争关键字的概念及关键字广告的竞争力并设计了一种竞争关键字的生成方法（CompKey），帮助广告主基于查询日志找到更适当的竞争关键字。Qiao 等的研究提出基于查询日志的竞争性关键字生成法，使用关键字和查询日志捕获的隐藏主题信息之间的间接关联来推荐有竞争力的关键字。

　　（3）机器学习在关键字生成、扩展与选择研究中的运用

　　一部分研究采用机器学习的方法获取关键字，表 2-4 列举了部分有代表性的研究。

表 2-4　部分运用机器学习的关键字生成、扩展与选择代表性研究

标题	作者	论文来源
Keyword Extraction for Contextual Advertisement	Wu 等（2008）	17th International Conference on World Wide Web
Scalable Clustering and Keyword Suggestion for Online Advertisements	Schwaighofer 等（2009）	3rd International Workshop on Data Mining and Audience Intelligence for Advertising
Inferring Local Synonyms for Improving Keyword Suggestion in an Online Advertisement System	Sarmento 等（2009）	3rd International Workshop on Data Mining and Audience Intelligence for Advertising
A Hybrid Approach to Extract Keyphrases from Medical Documents	Sarkar（2013）	International Journal of Computer Applications
Multiword Keyword Recom-mendation System for Online Advertising	Thomaidou 等（2011）	International Conference on Advances in Social Networks Analysis and Mining（2011）
GrammAds：Keyword and Ad Creative Generator for Online Advertising Campaigns	Thomaidou 等（2013）	Digital Enterprise Design and Management
AKEGIS：Automatic Keyword Generation for Sponsored Search Advertising in Online Retailing	Scholz 等（2019）	Decision Support Systems
Domain-constrained Adverti-sing Keyword Generation	Zhou 等（2019）	International Conference on World Wide Web（2019）

在这些研究中，Wu 等提出的机器学习方法解决方案使用从人类标记数据中学习的线性和逻辑回归模型，结合文档、文本和 eBay 网站的特定功能来提取关键字，并解决关键字歧义问题。Schwaighofer 等提出了一种有效的贝叶斯在线学习算法，用于基于 Bernoulli 混合模型聚类二进制值的向量，该模型包括成功概率的共轭 Beta 先验，并维持群集分配的离散概率分布，然后将聚类表示为因子图中的推断并使用在线近似消息传递有效的求解。Sarmento 等通

过对种子关键字和过往广告数据进行相似性计算，由此得到关键字推荐方案。Sarkar 提出的候选关键字识别方法通过使用位置信息、领域知识和频率信息来从文档中的短语中选择潜在候选关键字。Zhou 等在赞助搜索广告中使用神经网络来生成关键字。许多方法都试图通过评估所有潜在的用户查询与给定广告登录页面的相关性，并侧重于利用 NLP 和基于排序的技术从页面提取的短语组中扩展并提取关键字。然而，Agrawal 等跳出了这种传统范式，并证明了通过将问题转化为多标签学习任务，可以有效地预测与大量查询相关的子集，其中每个查询都由单独的标签来标识。

但是以上这些研究普遍存在一个问题，他们都没有将关键字的生成工作和选择工作进行区分。关键字生成工作的目的在于产生一个能代表潜在目标市场的候选关键字集合，而关键字选择工作则是为一个确定的广告主的目标市场直接挑选出具体的关键字，这是两个不同的工作，关键字选择应该是在关键字生成工作完成之后进行的工作。付费搜索营销竞争非常激烈，而在线广告系列的创建和开发对时间和专家人力资源的要求很高。Thomaidou 等提出了一种在以半自动方式开发赞助搜索广告活动的情况下的多字关键字（n-gram）选择系统。给定登录页面，系统将提取由 2 个或 3 个单词组成的相关术语，以匹配潜在的搜索查询。此外，它使用搜索结果摘要来建议目标网页文本中不存在的最相关的关键字和其他建议的术语。Thomaidou 等开发了GrammAds，该系统能够半自动化生成多字关键字和自动广告创意推荐，同时正确组织广告系列，将其上传到竞价平台并开始运行。Zhang 等提出以竞争性和相关性角度推荐关键字。Wang 等利用从 X（原 Twitter）上的热门话题中提取的相关关键字来扩充关键字组合，评估表明这种关键词增强策略使第三方经纪人平均获得比非增强策略高 4 倍的 ROI，同时仍保持相同的风险水平。Scholz 等提出了一种新颖的方法，通过消费者搜索行为的理论来自动生成赞助搜索广告关键字。具体而言，该方法使用电商的内部搜索日志来提取消费者在搜索过程中使用的关键字，因为最近有研究表明具有高转化率且展示目标导向而非探索性搜索模式的消费者使用的电商网站的内部搜索引擎更多。Edo-Osagie 等提出了一种智能自动化关键字选择方法用于 X 的数据收集和分析，该方法通过 X 上的公共健康监控的案例，结合了深度学习和进化计算提出了算法，并描述了一个特定于关键字选择问题的优化目标函数。Song 等提出了一种三角形双语生成模型，采用成对的〈查询，广告〉的高质量数据作为监督信号，间接指导双字生成过程，模型以双语作为搜索查询和广告之间的桥梁，可以在三角训练框架中共同学习搜索查询、广告和关键字的生成。

（4）关注长尾关键字的关键字生成、扩展与选择研究

现有的这些方法生成的更多是流行关键字，这种关键字流量大、关注度高，通常会引来众多广告主争相竞价，最终竞拍往往很高，因此性价比不高。在这种情况下，考虑到赞助搜索广告的市场关键字搜索量呈幂律分布，广告主选择长尾关键字可能更具性价比。表 2-5 列举了部分关注长尾关键字的关键字生成、扩展与选择研究。

表 2-5　部分关注长尾关键字的关键字生成、扩展与选择研究

标题	作者	论文来源
Classifying Search Queries Using the Web as a Source of Knowledge	Gabrilovich 等（2009）	ACM Transactions on the Web（2009）
An Improved Approach for Long Tail Advertising in Sponsored Search	Budhiraja 等（2017）	International Conference on Database Systems for Advanced Applications（2017）

长尾关键字单个的搜索量比流行关键字低，但是多个长尾关键字的总搜索量相当可观。Lu 等阐述了不同类型的关键字对广告主的不同影响，流行关键字对广告主间接销售额影响较大，而长尾关键字则对直接销售额的影响较明显。因此，为广大广告主提供长尾关键字更有助于获取赞助搜索广告的利润。但是关键字遵循长尾分布容易导致难以对赞助搜索广告空间进行管理，因为在关键字拍卖期间，广告主倾向于将标头查询关键字作为目标，从而造成对标头和标尾关键字的需求不平衡，导致标尾关键字的广告空间利用不足。Gabrilovich 等构建了一种查询分类系统，关注查询长尾关键字，使赞助搜索广告与稀有查询更好地匹配。Budhiraja 等探索了一种使广告主可以对概念而不是关键字进行出价的机制，通过提取事务性查询日志利用水平覆盖模型得

到多种关键字混合，通过分配与该概念相关的标头和标尾关键字的混合来查询关键字。

（5）借助维基百科用于关键字生成、扩展与选择研究

百科全书式的权威词库能对关键字进行合理有效的扩充，有助于弥补传统方法生成关键字的涵盖面不足的问题，因此近年有一些研究工作尝试运用维基百科作为词库来完成类似工作。表 2-6 列举了运用维基百科的关键字生成、扩展与选择研究。

表 2-6　运用维基百科的关键字生成、扩展与选择研究

标题	作者	论文来源
Keyword Suggestion Using Conceptual Graph Construction from Wikipedia Rich Documents	Amiri 等（2008）	The Workshop Exploiting Semantic Annotations for Information Retrieval（2008）
Advertising Keywords Recommendation for Short-Text Web Pages Using Wikipedia	Zhang 等（2012）	ACM Transactions on Intelligent Systems and Technology
Extracting Domain-Relevant Term Using Wikipedia Based on Random Walk Model	Wu 等（2012）	7th Chinagrid Conference
Advertising Keyword Suggestion Using Relevance-Based Language Models from Wikipedia Rich Articles	Jadidinejad 等（2014）	Journal of Computer & Robotics

在这些研究中，Amiri 等和 Jadidinejad 等以维基百科为词库提出一种调整型相关联语言模型进行关键字推荐。Wu 等提出了一种基于维基百科的类别和页面结构并以独立于语言的方式自动识别给定域的领域相关概念和实体的新方法。Zhang 等曾提出一种基于维基百科的新算法来为短文本页面推荐关键字。

总的来说，众多研究者从多方面努力，希望以此增强赞助搜索广告的关键字效果，一些研究直接做出傻瓜式关键字生成工具并对外界开放使用，极

大地方便了不具备专业能力的广告主。随着研究的不断深入，来自大型搜索引擎公司和互联网广告公司的海量真实用户数据为关键字生成提供了更广泛的数据来源，机器学习的引入又为大规模数据的处理提供了帮助。以上这些，都为获得更方便、表现更佳的关键字生成效果带来了切实的进步。

2.3　本章小结

当前的方法都为广告主的关键字生成、扩展和选择问题提供了解决方案，但是结果并不能完全令广告主们满意。

第一，现有的方法难以根据不同广告主的独特要求提供定制化方案。现有的研究方法能够调整的限制条件太少，通常只有预算限制和产品类型，如果广告主有更加详细的要求，那么现有方法无法针对每个广告主提供定制化方案。本书提出的方法能根据不同广告主的独特要求（如更具体的消费者群体特征）进行调整，为广告主提供更加精细和定制化的方案。

第二，现有的大多数方法生成的依然是流行关键字，如果流量不能有效转化为购买，那么广告主选择流行关键字性价比并不高。本书提出的基于层次贝叶斯的关键字方法能生成大量非大众、低流量、专业性的关键字，为广告主提供更多选择。

第三，现有的关键字生成、扩展和选择方法，能提供的关键字数量相对较少，通常只有几十到上百个。但是目前实际工作中一部分广告预算充裕的广告主会面临缺乏足量的关键字进行竞标的尴尬状况，这说明现有的方法在数量上显然难以满足这类广告主的需求。在这样的情形下，需要一种能提供更多数量关键字，同时能满足关键字相关性的关键字生成和扩展方法。本书提出的基于层次贝叶斯的关键字生成、扩展和选择方法能满足这些要求。

第四，即使目前在实际工作中存在一部分广告预算充裕且需要大量关键字的广告主，也并不意味着关键字可以盲目搜集，竞标相关性低的关键字并不能带来好的广告效果。因此，生成的关键字不仅要求数量多、覆盖广，而且需要满足相关性较高的要求。本书提出的基于层次贝叶斯的关键字生成与选择方法所得到的关键字能在广告主的产品（或服务）及其经营业务的利基市场的覆盖率与相关性之间取得平衡。

第五，现有的关键字选择方法只针对广告主在单一广告平台开展广告活动的情形。目前，市面的常用关键字工具的机制是来自单一平台的关键字运行数据，学界研究提供的方法也普遍没有考虑不同广告平台各自的特点，很少有方法能提供在多个平台综合表现较好的广告效果的关键字。本书提出一种考虑不同广告平台用户群体特征的关键字选择方法，具有良好的多平台普适性，广告主运用本书的方法同时在多个广告平台进行关键字选择工作能实现相同预算下的收益最大化。

第六，由于现在的广告市场更加复杂多变，客观上迫使广告主针对不断变化的市场环境适时调整广告目标，甚至需要在多重广告目标中进行权衡（如广告主需要平衡品牌推广和利润），而现有的关键字的生成工具或方法并不能帮助广告主实现这些要求。本书提出关键字选择方法为广告主的调整预留了空间，广告主可以方便地增加、删减或改变用户特征标签，每种特征标签的内部划分也能随时进行调整，方便广告主随时紧跟市场变化的步伐调整关键字选择和广告推广方案，为广告主提供了一种能快速反映消费者变化的策略方法。

本书接下来的研究工作运用维基百科作为来源进行关键字生成和扩展，提出一种多维度考虑不同平台用户群体特征情况的关键字选择策略，为广告主的赞助搜索广告提供更优的解决方案。

第 ③ 章
谷歌广告投放系统

　　不同的赞助搜索广告竞价系统所设定的广告结构、参数形式及其规则都不尽相同。因此，需要考虑广告主的推广需求及搜索竞价市场和关键字表现的不确定性，根据特定赞助搜索广告竞价系统的广告结构、规则选择与组合关键字构建合理的广告计划与广告组，以便最大化收益并最小化风险。而针对广告结构的关键字选择与组合并没有那么简单，这是一个动态的循环调整过程。这些关键字调整过程都必须参考搜索竞价系统的规则，以保证所有的关键字及组合都是合理且有效的。因此，了解搜索竞价系统的结构、参数与规则，是进行赞助搜索广告推广研究的基础。Google 是全球最大的搜索引擎，它的赞助搜索广告系统 Google AdWords（简称 Adwords）的结构具有一定的代表性。

3.1　谷歌广告投放系统基本情况

　　谷歌广告投放系统为 AdWords。广告主通过 Google 账户在 AdWords 中进行实际操作，需要提前了解、总结并记录赞助搜索广告账户结构及每个层次中的相关参数，并通过查询 AdWords Help，标明每个参数的含义及用法，这样才能保证广告主熟悉 AdWords 的广告投放规则。

　　根据 AdWords 的设置，当关键字很少（如 10 个以下）的时候，账户其实并不需要分层，广告主在账户里直接设置想购买的关键字，同时针对这些词撰写相应的广告文字创意就好。但是随着关键字的增多，要满足广告主对关键字的批量操作等需求，就需要对关键字进行一定的分组管理，从而不断衍生出更多层级。在这些层级上，广告主一般都可以针对这一层级下的所有广告统一设置推广策略，如推广地域、推广时间、每日预算等，这些分层级的设置是后续评估赞助搜索广告推广效果的基础，也只有在分门别类建立起良好的账户结构之后，广告主才能知道到底哪种推广策略具有更高的 ROI，以便指导后续的优化工作。因此，在进行赞助搜索广告推广活动之前，广告主应树立起账户结构意识，搞清楚赞助搜索广告账户结构、参数、规则，这些对后续赞助搜索广告优化具有重要的意义。

3.2 谷歌广告投放系统的结构和投放规则

根据本书作者与多位赞助搜索广告主的访谈，广告主们普遍反映谷歌（Google）的广告投放系统规则复杂。为了帮助广告主弄清楚究竟如何在 AdWords 账户中进行实际操作，本书通过对相关资料的查询整理，使用账号在 AdWords 中进行实际操作，系统地归纳和总结出 AdWords 的层次结构共分为 5 层：账户、广告系列、广告组、广告、关键字。下文详细整理了各层次包含的设置参数与效果参数，并对每个参数的含义及用法进行解释。

整个 AdWords 层次结构的大框架如表 3-1 所示。

表 3-1　AdWords 层次结构框架

账户			
唯一的电子邮件地址和密码 结算信息			
广告系列		广告系列	
预算 设置		预算 设置	
广告组	广告组	广告组	广告组
广告	广告	广告	广告
关键字	关键字	关键字	关键字

除账户外，AdWords 后台将每个层次的参数分为设置参数与效果参数。

其中，设置参数是广告主创建一个广告系列 / 广告组 / 广告 / 关键字时需要输入的内容，而效果参数是将该广告系列 / 广告组 / 广告 / 关键字投入使用后效果的反馈情况。

本书接下来的内容会全面总结梳理 AdWords 后台各层次的参数，对 AdWords 后台各层次的设置参数与效果参数进行详细分析，并介绍各层次参数中包含的具体子参数，下列内容解释了各参数的定义及用法。

框架图中各层的具体内容及用法解释如下。

（1）账户

账户包括电子邮件地址、密码、结账信息。

（2）广告系列

1）设置参数

①广告系列名称：广告主可以在这里输入广告系列的名称。虽然 AdWords 会为广告主指定一个默认的广告系列名称，但广告主应选择一个可以清楚说明广告系列主题的名称，以便广告主在账户中轻松找到此广告系列。广告系列名称不会向广告主的客户显示。

②类型：设置参数类型包括搜索网络和精选展示广告网络、仅限搜索网络、仅限展示广告网络、购物、视频、通用的应用广告系列。

广告系列类型决定广告主在制作或修改广告系列时，AdWords 系统后台会向广告主显示哪些设置。广告主选择的类型会定制广告系列的设置，使其仅包含适合广告主的广告目标的选项，同时隐藏不相关的功能。AdWords 建议新广告客户从使用"搜索网络和精选展示广告网络"广告系列类型开始，此类型可为广告主的广告提供丰富的潜在展示位置。

广告主还需要选择广告系列子类型或营销目标。子类型或营销目标决定了广告主可以使用哪些设置和选项，这样广告主可以着重使用与其业务目标最相关的那些功能。如果广告主希望简单地概览广告系列和功能选项，可考虑使用"标准"广告系列子类型；如果广告主希望看到关于广告系列和功能选项的所有信息，则适合使用"所有功能"。

③投放网络："投放网络"设置会根据广告主选择的广告系列类型指明要在哪些地方展示广告主的广告。例如，借助 Google 搜索网络，广告主的广告

可以投放到 Google 搜索网站及与 Google 合作展示赞助搜索广告的非 Google 搜索网站（称为搜索网络合作伙伴，如 AOL）。而借助 Google 展示广告网络，广告主的广告将会在与 Google 合作展示广告的其他网站上展示。若要更改投放网络，广告主需要更改广告系列类型或制作新的广告系列。

④设备：广告系列会定位所有类型的设备，包括桌面设备、平板电脑和移动设备。日后，广告主可以选择针对不同的设备定制广告。

⑤地理位置和语言：广告系列中的广告会展示给位于指定地理位置的客户，或者展示给将广告主的指定语言设置为界面语言的客户。平台系统建议广告主在向客户提供服务时选择合适的语言。

⑥出价策略类型：用于管理关键字、广告组或广告系列出价的出价策略的名称。例如，如果广告主的广告系列采用的是每次点击费用人工出价，则"每次点击费用"会显示在此列中。或者，如果广告主的广告系列采用的是自动出价，则"自动"会显示在此列中。另外，还可能会显示"智能"，这表示 AdWords 会通过调整广告主的每次点击费用的最高出价来实现广告主的目标，如最大限度地提高转化次数。

⑦出价策略：用于管理关键字、广告组或广告系列出价的灵活出价策略。请注意，在此列中将会显示广告主为灵活出价策略创建的名称。如果广告主未使用灵活出价策略，则会看到一条短横线"–"。

⑧默认出价：为最高每次点击费用。

⑨每天的预算：可以选择手动设置广告主对广告点击的出价，也可让 AdWords 为广告主代劳。根据广告主广告系列的类型，广告主可能会看到额外的出价选项。

出价策略控制如何针对用户与广告的互动进行出价？默认出价是指广告主愿意针对广告组中广告所获得的每次点击支付的最高金额。预算是指广告主每天愿意为广告系列支付的平均金额。预算的多少完全由广告主自己决定，而且广告主随时都可以对预算金额进行调整。

⑩广告附加信息：向广告中添加更多信息，如位置信息、网站上网页的链接和电话号码。

⑪广告系列排除对象：广告主的广告除了可以覆盖特定受众群体，还可

以帮助广告主排除无关（因此也无法带来收益）的受众群体。通过仅覆盖与广告主的业务相关的受众群体，广告主不仅能节省费用，还能增加广告吸引点击和转化的可能性。

2）效果参数

①广告系列类型：广告系列类型决定在广告主制作或修改广告系列时平台会向广告主显示哪些设置。广告主选择的类型会定制广告系列的设置，使其仅包含适合广告主的广告目标的选项，同时隐藏不相关的功能。平台系统建议新广告客户从使用"搜索网络和精选展示广告网络"广告系列类型开始，此类型可为广告主的广告提供丰富的潜在展示位置。

②广告系列子类型：子类型或营销目标决定了广告主可以使用哪些设置和选项，这样广告主可以着重使用与广告主的业务目标最相关的那些功能。如果广告主希望简单地概览广告系列和功能选项，可考虑使用"标准"广告系列子类型；如果广告主希望看到关于广告系列和功能选项的所有信息，则适合使用"所有功能"。

③标签：利用标签，广告主可以将账户中的元素整理成对广告主而言有意义的分组，轻松快速地过滤和报告广告主最感兴趣的数据。广告主可以对关键字、广告系列、广告组和广告使用标签，这样就可以了解广告主创建的自定义类别效果如何、彼此有何不同，还可以与广告主账户中的无标签实体进行比较。

④广告系列 ID。

⑤出价策略类型：同"1）设置参数"中的"⑥出价策略类型"。

⑥效果衡量包括以下内容。

点击次数：当用户点击广告主的广告（如文字广告的蓝色标题）时，后台就会记录一次点击。

展示次数：每当广告主的广告在搜索结果页或 Google 广告网络中的其他网站上显示时，系统就会记录一次展示。

点击率：表示用户在看到广告主的广告后点击广告的频率，可用于评估广告主的关键字和广告的效果。

平均每次点击费用：广告主为广告支付的费用除以总点击次数。

平均每千次展示费用：当广告获得 1000 次展示时所支付的平均金额（每千次展示费用出价）。

总费用：广告主为所有互动（如文字广告获得的点击和视频广告获得的观看）支付的总费用。

平均排名：表示与其他广告相比，广告主的广告通常在搜索结果页上的展示位置。

无效点击：Google 认定为非法的广告点击，如意外点击或恶意软件造成的点击。

以下举例说明了一些 Google 可能会视为无效点击的情况：

旨在提高广告主的广告费用或增加广告托管网站所有者收益的人工点击；由自动点击工具、漫游器或其他欺诈性软件产生的点击；对广告客户没有任何价值的多余点击，如双击中的第二次点击；平台系统会对 AdWords 广告获得的每次点击进行检查，同时 Google 还利用复杂的系统来识别无效的点击和展示，并从广告主的账户数据中删除相关数据。

一旦确定点击属于无效点击，平台系统就会自动从广告主的报告和付款中滤除这些点击，因此广告主无需为这些点击付费。如果平台系统发现了自动检测工具未能识别的无效点击，可能会针对这些点击为广告主提供相应的返还金额。这些金额被称为"无效活动"调整项。

无效点击比例：广告主可以了解因被归类为无效点击而自动从广告主的账户中滤除的点击次数及其所占的百分比。平台不会收取这些点击的费用，广告主的账户统计信息也不会受其影响。

相对点击率：相对点击率衡量的是广告主的广告被投放到展示广告网络中时，与在相同网站上展示的其他广告客户的广告相比效果如何。

相对点击率的计算方法为用广告主的点击率除以在相同位置展示了广告的所有广告客户的平均点击率。由于其相对性，此指标的数值并非一成不变。展示广告主的广告的具体网站及其他广告客户的行为都会使该指标发生变化。

此列仅显示在广告系列和广告组标签下。

示例：假设一位销售数码相机的广告客户展示广告网络点击率是

0.05%。在展示广告网络中，该广告客户的广告投放到了一个有关摄影的网页上，同一页面上还有其他 3 位广告客户也展示了广告。这 3 位广告客户的点击率是 0.005%。

第一位广告客户的点击率是另外 3 位竞争对手的 10 倍（0.05%/0.005% = 10）。由于人们对这位广告客户的产品更感兴趣，他获得了非常高的相对点击率（10）。

互动：互动是指某种广告格式对应的主要用户操作，如对文字广告和购物广告来说是点击，对视频广告来说是观看。作用是无论什么格式的广告，此列都可显示广告主的广告达成目标的情况如何。

互动率：互动率可以用来衡量用户看到广告主的广告后与之互动的频率。

互动率的作用：广告主可通过此列了解广告效果。

互动率的工作原理：互动率的计算方式为互动次数除以广告展示次数。

示例：如果互动次数是 10 次，展示次数是 1000 次，则互动率就是 1%。

平均每次互动费用：这是广告主为广告的每次展开所支付的平均金额。

观看次数和观看率：在投放视频广告系列（如 YouTube）中展示描述效果如何。

⑦社交指标包括以下内容。

+1 推荐："+1"列会显示每个 Google+ 信息广告获得 +1 推荐总数。

工作原理：每次用户看到广告主的 Google+ 信息广告并点击上面显示的"+1"按钮时，本次 +1 推荐就会计入总数并显示在原来的 Google+ 信息中。

该项目很重要，因为体现了跟踪推荐过此 Google+ 信息的人数。

注意事项：平台会向广告主显示 Google+ 报告系统和 Google+ 信息广告报告系统之间允许存在的时间间隔。

分享次数："分享次数"栏列出广告主的"Google+ 讯息广告"获用户转贴的总次数。这个参数的重要性体现在广告主可借此了解哪些广告能引起观众兴趣，从而将策略重点放在类似的广告上。广告主也可以在该讯息的"Google+ Ripples"中查看总浏览次数。

注意事项：因为 Google+ 和"Google+ 讯息广告"的报告系统在不同时间提供报告，所以在此列出的是数值范围。

留言次数："留言次数"栏会列出广告主每个"Google+ 讯息广告"上的用户留言总数。这个参数的重要性体现在广告主可借此了解哪些广告能够吸引到大量用户的反映意见，并按此调整广告主的社交策略。

注意事项：因为 Google+ 和"Google+ 讯息广告"的报告系统在不同时间提供报告，所以在此列出的是数值范围。

追踪次数："追踪次数"栏显示直接透过"Google+ 讯息广告"在 Google+ 上追踪广告主的总人数。这个参数的重要性体现在广告主可以掌握在 Google+ 上的追踪者人数，有助于广告主了解哪些广告为广告主带来了这些潜在客户。

注意事项：因为 Google+ 和"Google+ 讯息广告"的报告系统在不同时间提供报告，所以在此列出的是数值范围。

获得的展示次数：社交广告"获得的展示次数"栏显示广告主的讯息将透过您的内容重新分享到"Google+ 讯息串"的用户的检视次数。这个参数的重要性体现在广告主能够知道除了透过付费触及的目标对象，还能接触到多少目标对象。即使在广告系列结束后，获得的展示次数仍会继续累积。

注意事项：因为 Google+ 和"Google+ 讯息广告"的报告系统在不同时间提供报告，所以在此列出的是数值范围。

获得的社交操作次数："获得的社交操作次数"栏显示出广告主原来的讯息因获得的展示次数而得到的社交动作总数。这个参数的重要性体现在用户的社交动作包括用户因其中一个社交圈所分享的内容而浏览广告主在 Google+ 上的内容，继而产生的 +1、留言、分享及追踪等。即使在广告系列结束后，获得的社交动作次数仍会继续累积。

注意事项：因为 Google+ 和社交动作的报告系统在不同时间提供报告，所以在此列出的是数值范围。

通话详细信息。

电话展示次数：电话展示次数是指在广告主的广告中展示 Google 转接电话号码的次数。

客户来电次数：客户来电次数是指由于用户点击广告中的电话号码或手动拨打在任何设备上展示的广告中的 Google 转接电话号码而产生的来电次数。在计数通话次数时不会考虑通话时长。要想查看更详细的报告，广告主可以按照点击类型进行细分，分别查看移动设备上的点击通话次数和手动拨打通话次数。

致电率：致电率是接到的来电次数（客户来电次数）除以电话号码的展示次数（电话展示次数）所得的比值。

电话费用：手动拨打广告主的 Google 转接电话号码所产生的费用的总计金额。电话费用不包括移动点击通话产生的费用。

转换次数。

致电转化次数："致电转化次数"显示的是持续时间长于广告主所选"通话时长"且通过手动方式拨入 Google 转接电话号码的来电数量。需要注意的是，此列中 2013 年 11 月之前的数据是包括广告吸引的所有来电，而不仅仅是通过手动方式拨入 Google 转接电话号码的来电。

⑧竞争指标包括以下内容。

搜索网络展示次数份额：广告主在搜索网络中实际获得的展示次数除以广告主有资格获得的预估展示次数所得到的百分比。

搜索网络完全匹配展示次数份额：在搜索网络中，对于与广告主的关键字完全匹配的搜索字词或广告主的关键字的紧密变体，广告主实际获得的展示次数除以广告主有资格获得的预估展示次数所得到的百分比。该指标不适用于购物广告系列。

搜索网络错失展示次数份额（评级）：广告因在竞价中的广告评级不佳而未能在搜索网络上获得的展示次数所占的百分比。请注意，如果广告主的预算在所查看的日期范围内的任意时间用尽，广告主的"广告组"标签上就不会显示"错失展示次数份额（评级）"。

搜索网络错失展示次数份额（预算）：广告因预算不足而未能在搜索网络上获得的展示次数所占的百分比。相关数据仅在广告系列一级提供。

展示广告网络展示次数份额。

展示广告网络错失展示次数份额（评级）：广告因广告评级不佳而未能在展示广告网络上获得的展示次数所占的百分比。请注意：如果广告主的预算在所查看的日期范围内的任意时间用尽，广告主的"广告组"标签上就不会显示"错失的展示次数份额（评级）"。

展示广告网络错失展示次数份额（预算）：广告因预算不足而未能在展示广告网络上获得的展示次数所占的百分比。相关数据仅在广告系列一级提供。

相对点击率：相对点击率可评估在展示广告网络中的同一批网站上，广告主的广告与其他广告的效果比较情况。

定义：相对点击率是指将广告主的点击率除以所有广告客户在展示广告主广告的网站上的平均点击率。

示例：如果相对点击率是 1x，是指广告主的点击率等于该网站同一板块中所有广告客户的平均点击率。

好处：相对点击率可以让广告主了解广告系列和广告组的效果，特别是在缺乏转化信息或完全没有转化信息的情况下。

可见效果：这些统计信息只能反映展示网络广告上的活动。

可见展示次数：这项指标显示已投放和结算的可见展示次数。这个指标很重要，因为广告主可以通过它了解用户有机会查看广告主的广告的频率。

定义：可见展示次数表示广告主的广告在展示广告网络中的网站上可见的频率。当且仅当广告内容的 50% 在网页上展示的时间不少于 1 秒时，才会将这次展示计为可见展示。

可见点击率：可见点击率是指广告获得的点击次数除以广告在网页上可见的次数所得的百分比。具体而言，可见点击率是指在广告可见的情况下，用户点击该广告的频率。当广告内容的 50% 在网页上展示的时间不少于 1 秒时，该广告即被视为"可见"。

即可见点击率 = 广告获得的点击次数 / 可见展示次数。

作用：与点击率相比，可见点击率能够让广告主更深入地了解广告的效果，因为它不包括不可见的展示次数。

需要注意的事项：这项指标只在展示广告网络中提供。

平均每千次展示费用：平均每千次展示费用是指广告主为广告的 1000 次可见展示所支付的平均金额。

定义：广告主为可见展示次数所支付的平均费用。

作用：此平均费用不包括不可见的展示次数，因此可以让广告主深入地了解其每千次展示费用。

可见展示次数／可衡量展示次数：可见展示次数／可衡量展示次数是指广告主的广告可见率。它体现的是广告主的广告在可衡量网站上有机会被用户看到的时间间隔。此指标是指广告主的广告在已启用"可见"的网站上出现（可衡量展示次数）且有机会被用户看到（可见展示次数）的机会在所有可衡量展示机会中所占的百分比。

作用：此百分比可用于估算有多少次展示确实被用户看到。

注意事项：此指标仅包含可衡量的展示广告网络展示次数。

可衡量展示次数：可衡量展示次数是指广告主的广告在用户能看到的展示位置上出现的次数。

含义：可以衡量有多少次展示可以被用户看见。此指标是指可由"可见"衡量的展示次数。

作用：此数值可帮助了解广告主获得了多少次可以衡量的广告展示。

注意事项：并非所有展示次数都可以由此项衡量，此项只会显示展示广告网络的数据。

可衡量展示费用：可衡量展示费用是指广告主获得的可由"可见"衡量的展示次数的费用。

含义：可以衡量有多少次展示可以被用户看见。此指标是指广告主在可由"可见"衡量的展示次数上花费的金额。

此项很重要，因为此金额可以帮助广告主了解有多少费用花在了可衡量的展示次数上。

可衡量展示次数／总展示次数：可衡量展示次数／总展示次数体现的是可由"可见"衡量的展示次数在已投放的总展示次数中所占的比率。

含义：可以衡量有多少次展示可以被用户看见。此指标是指可衡量的展示次数占总展示次数的比例。

作用：可以衡量有多少次展示可以被用户看见。此指标体现的是可由"可见"衡量的展示次数占已投放的总展示次数的比率。

注意事项：并非所有展示次数都可以由"可见"衡量，此列只会显示展示广告网络的数据。

覆盖率指标：这些统计信息只能反映 YouTube 和展示广告网络上的活动。

唯一身份 Cookie：此列显示在给定时段内广告主的广告向多少唯一身份 Cookie 进行了展示。

该参数很重要，因为广告主可以利用该信息来估算自己的广告向多少用户进行了展示。

唯一身份 Cookie 与唯一身份用户并不相同。如果自己的广告在一个设备上展示了两次，则将仅计为一个唯一身份 Cookie。即使有多名用户使用该设备，也不例外。另外，如果同一用户使用多个设备、拥有多个浏览器设置或同时满足这两个条件，则将计为多个 Cookie。

每个 Cookie 的平均展示频率：此项显示在给定时段内广告主的广告平均向每个唯一身份 Cookie 展示的次数。

该参数的重要性体现在：广告主可以使用这项指标进一步了解自己的广告能否有效地吸引用户。

示例：如果广告主的广告向每个 Cookie 的平均展示频率为 1.49，即表示在特定的时段内，广告主的广告平均向每个 Cookie 展示了约 1.5 次。

唯一身份观看者人数：唯一身份观看者人数显示某个视频广告或广告主的所有视频广告在特定时间段内由唯一浏览器产生的每日浏览量。

这意味着如果广告主的视频广告是从特定浏览器被反复观看的，则只计算 1 次观看次数。如果广告主的视频广告被展示给某个浏览者，但此人选择不观看，则不会计入该指标。

注意：Cookie 是观众访问的网站发送到其浏览器的一小段文本。它有助于网站记住有关访问的信息，如首选语言和其他设置。

每个 Cookie 的平均观看频次：每个 Cookie 的平均观看频次是在给定的时间段内，用户从唯一的浏览器浏览广告主的广告的典型次数。

这个参数的重要性表现在使用这个指标可以更好地了解同一个用户对广告主的视频广告感兴趣的程度，频率越高说明越感兴趣。

注意：TrueView 在赞助搜索广告中不提供覆盖范围和频率数据。如果广告主的浏览量很大一部分来自赞助搜索广告中的 TrueView，则汇总统计数据可能不完全准确。

⑨更改历史记录包括以下内容。

所有更改：此项显示的是在指定的日期范围内，对广告主的广告系列或广告组进行的更改数。

使用方法：点击具体数值可查看更改历史记录中显示的各项更改详情。

注意：此项显示的总计数量不是表格中其他更改历史记录列的数值总和。

提示：当天所做的更改在第二天上午 10 点之后才会显示。2014 年 5 月 19 日之前所做的更改不会在此项中显示。

预算变更数量：此项会显示在指定日期范围内对预算进行更改（如更改每日预算）的次数。

使用方法：点击具体数值可查看更改历史记录中显示的各项更改详情。

涵盖范围：此项不会显示对共享预算所做的更改。

出价变更数量：此项会显示在指定日期范围内对出价进行更改（如更改每次点击费用的最高出价）的次数。

使用方法：点击具体数值可查看更改历史记录中显示的各项更改详情。

关键字更改数量：此项会显示在指定日期范围内对关键字进行更改（如添加或删除关键字）的次数。

状态变更数量：此项会显示在指定日期范围内对状态进行更改（如暂停关键字）的次数。

位变更数量：此项会显示在指定日期范围内对广告定位进行更改（如定位到特定语言或国家 / 地区）的次数。

广告更改数量：此项显示的是在指定的日期范围内，对广告进行更改的次数（如添加或删除广告），也可称为网络变更数量。

⑩ Gmail 指标包括以下内容。

Gmail 保存次数：Gmail 保存次数显示的是用户以邮件的形式将广告主的 Gmail 广告保存到收件箱中的次数。

该参数的重要性体现在：当广告主的 Gmail 广告被保存后，它将以展开格式保留在观看者的收件箱中。广告主不需要为此类操作付费。

Gmail 转发次数：Gmail 转发次数显示的是广告主的广告以邮件的形式转

发给其他用户的次数。

该参数的重要性主要体现在：当广告主在 Gmail 上投放的广告以邮件形式被用户转发时，它将以最初观看该广告的用户的名义，以展开格式发送给接收者。广告主不需要为此类操作付费。

Gmail 点击访问网站次数：该参数是指用户从 Gmail 中点击访问广告主的着陆页的次数。

该参数的重要性体现在：广告主不需要为这种展开状态的 Gmail 广告的点击付费，虽然它们确实为广告主的着陆页带来了访问。

⑪YouTube 所获操作次数包括以下内容。

所获得观看次数：当用户观看了广告主的视频广告，并在观看该广告后的 7 天内又观看了某个已关联 YouTube 频道中的一个或多个其他视频，就产生了一次获得的观看。

注意事项：这些额外的观看次数就是获得的观看次数，不过广告主无须为这部分观看次数付费。另外，同一用户的多次观看将分别计为一次获得的观看。

所获订阅次数：当用户观看了广告主的视频广告，并在观看该广告后的 7 天内订阅了某个已关联的 YouTube 频道，就产生了一次获得的订阅。

注意事项：如果订阅人数不足 3 人，则报告中不会统计此数据。

所获被添加到播放列表的次数：当用户观看了广告主的视频广告，并在观看该广告后的 7 天内将广告主其中一个已关联 YouTube 频道中的某个视频添加到了播放列表，就产生了一次获得的播放列表添加。

注意事项：当观看者观看了广告主的其中一个视频广告，然后播放列表中添加了广告主频道中的某个视频，平台系统就会增加一次计数。广告主无须为获得的播放列表添加次数付费。

所获"顶"的次数：当用户观看了广告主的视频广告，并且在观看该视频广告后的 7 天内在其中一个关联的 YouTube 频道中"顶"了某个视频，系统就会统计"顶"次数。

该参数的统计原理是当观看者观看了广告主的其中一个视频广告，然后在广告主的 YouTube 频道中点击某个视频上的"顶"按钮，平台后台系统就会增加一次计数。广告主无须为所获"顶"次数付费。

所获分享次数：当用户观看了广告主的视频广告，并在观看该广告后的 7 天内分享了广告主其中一个已关联 YouTube 频道中的某个视频，就产生了一次获得的分享。

该参数的统计原理是当观看者观看了广告主的其中一个付费视频广告，然后分享了广告主 YouTube 频道中的某个视频，平台后台系统就会增加一次计数。广告主无须为获得的分享次数付费。

⑫ 出价策略包括以下内容。

出价策略类型：AdWords 针对不同类型的广告系列提供了几种出价策略。广告主可以根据自己的广告系列所定位的广告网络，结合对点击量、展示量或转化率的重视程度，来制定最适合自己的策略。

谷歌分析：谷歌分析向广告主说明用户如何找到广告主的网站、如何浏览广告主的网站，利用这些信息，广告主可以了解如何优化自己的网站。

跳出率：当用户只查看了一个网页或仅触发了一个事件时，谷歌分析就会将此次访问视作一次"跳出"。网站的跳出率是指被视为跳出的会话所占的比例。

每次会话浏览页数：每次会话浏览的平均网页数。

平均会话时长（秒）：用户在广告主的网站上停留的平均时间。

新会话所占的百分比：首次访问会话的估算百分比。

时间：使用此细分，广告主可以按照所选的时间段将统计信息表格划分为不同的行。如果广告主请求的数据量非常庞大，可能会有系统消息提示广告主下载报告。

可供选择的选项包括：

周几（星期一、星期二、星期三……）；日期（如 2011 年 12 月 21 日）；月份；季度；年份；时段。

点击类型：广告主可以使用此细分来查看哪些点击将用户带到了自己的网站，或者查看哪些点击是当广告在移动设备上展示时用户对广告主的电话号码进行的点击（也称为点击通话）。

实验：如果广告主是在进行广告系列的实验，则可以在关键字、广告或广告组标签下按照实验组或对照组对数据进行细分。广告主还可以在广告系列标签下看到汇总的"对照"和"实验"数据。

观看类型——顶部或其他：如果需要了解广告主的广告都展示在 Google 搜索结果页和搜索网络合作伙伴网页上的什么位置，广告主可以为统计信息表格应用"顶部或其他"参数。按"顶部或其他"细分数据有助于广告主优化赞助搜索广告系列，从而将广告投放到可为广告主带来最佳效果的网页区域。

"Google 搜索：顶部"：广告主的广告投放在 Google 自然搜索结果的上方。

"Google 搜索：其他"：任何 AdWords 文字广告，只要不是显示在 Google 搜索结果的正上方，均会被归入"Google 搜索：其他"类别。

"搜索网络合作伙伴：顶部"：广告主的广告投放在搜索网络合作伙伴网页自然搜索结果的上方。

"搜索网络合作伙伴：其他"：任何不是显示在合作伙伴搜索结果正上方的广告均会被归入"其他"类别。

Google 展示广告网络：广告主的广告投放在 Google 展示广告网络中。

+1 注释：按"+1 注释"来细分效果数据。

⑬ 竞价洞察包括以下内容。

赞助搜索广告系列和购物广告系列的竞价洞察报告是不同的，但二者都集中了广告的效果信息。

赞助搜索广告系列的竞价洞察报告可提供几种统计信息：平均排名、展示次数份额、重叠率、排名被超越率等。只要在选定的时间段内达到最低活动量的阈值，广告主就可以为一个或多个关键字、广告组或广告系列生成此报告，并且可以按时间和设备对结果进行细分。

购物广告系列的竞价洞察报告可提供 3 种统计信息：展示次数份额、重叠率和排名胜出率。只要在选定的时间段内达到最低活动量的阈值，广告主就可以为一个或多个广告组或广告系列生成此报告，并且可以按时间和设备对结果进行细分。购物广告系列的竞价洞察报告的数据提供期为 2014 年 10 月至今。

平均排名：平均排名可以让广告主快速了解在和参与同一竞价的其他广

告客户中，自己的广告所处的排名位置。平均排名是指广告在竞价中的平均排名，会影响广告在搜索结果页上的展示顺序。

例如，如果竞价洞察报告的"平均排名"列中显示其中一位参与者的指标为"5"，即表示在广告主与该参与者的广告一起显示在搜索结果页上时，该参与者的广告平均排在第5位。

展示次数份额：展示次数份额是指广告主实际获得的展示次数除以广告主有资格获得的预估展示次数所得到的数字。展示资格取决于广告主当前广告的定位设置、审批状态、出价，以及质量得分。通过竞价洞察报告中的展示次数份额数据，广告主还可以了解所参与的竞价中其他广告客户的展示次数份额。请注意，购物广告系列不参考质量得分，但投放的产品详情、广告的整体质量和相关性会影响广告的展示资格。广告主可以详细了解并跟踪展示次数份额。

重叠率：重叠率是指在广告主的广告获得展示机会的同时，其他参与者的广告也获得展示机会的频率。

例如，如果竞价洞察报告的"重叠率"列显示其他某位参与者的指标为"60%"，即表示广告主的广告每获得10次展示，其中有6次是与该参与者的广告一起展示。

排名被超越率（仅限赞助搜索广告系列）：排名被超越率是指当广告主与其他某位参与者的广告同时获得展示时，该参与者的广告在排名上高过广告主的频率。

例如，如果竞价洞察报告的"排名被超越率"列中显示其他某位广告客户的指标为"5%"，即表示在广告主与该广告客户的广告一起展示时，每100次中有5次广告主的广告排名低于该广告客户。

状态："状态"列会显示各广告系列或广告组当前的状态信息，包括已暂停、已移除、受到预算的限制等状态。

（3）广告组包括

1）设置参数

①选择如何定位广告主的广告：通过设置定位将广告展示给适当的用户是广告取得成功的关键所在。

②展示广告网络关键字：为展示广告网络的广告系列选择关键字是为了让广告主的广告吸引最有可能对广告主的业务感兴趣的用户。

③兴趣及再营销：利用这项功能，广告主可以向之前访问过广告主网站的用户展示广告，当用户访问 Google 展示广告网络中的其他网站时，就有可能会看到广告主的广告。再营销是一项针对用户兴趣投放广告的功能，可方便广告主向感兴趣的用户传达适当的信息。

④使用不同定位方法：广告主可以选择关键字定位、地理位置定位、语言定位、设备定位、受众群体定位、内容相关定位、主题定位、展示位置定位等。

⑤定位优化：包括保守型定位、激进型定位，具体如表 3-2 所示。

表 3-2 AdWords 广告组定位优化

定位	保守型定位	激进型定位（展示广告系列优化工具）
适用范围	适用于所有展示广告网络的广告系列	适用于每个月至少实现 15 次转化的所有展示广告网络的广告系列
每位客户的一般费用情况	按您当前的每位客户费用（或目标每次转化费用，若您已设置），为绝大部分广告客户进行额外定位	以与当前差不多的每位客户费用（或目标每次转化费用，若您已设置），为大部分广告客户进行额外定位
其他客户的数量	吸引一些其他客户	吸引的其他客户远远超过保守型定位
何时启用	如果您希望获得更多的转化，但需要保持当前的每位客户费用（或目标每次转化费用，若您已设置）水平，则应使用"保守型"定位。 大多数展示广告系列会自动纳入此定位的"保守型"版本中	如果您希望获得尽可能多的转化，而且可以接受每位客户费用（或目标每次转化费用，若您已设置）上下浮动，则应使用"激进型"定位。 使用转化优化工具的 Android 应用宣传广告系列会默认使用"激进型"定位选项

⑥广告组排除对象：广告主的广告除了可以覆盖特定受众群体，还可以排除无关（因此也无法带来收益）的受众群体。广告仅覆盖与广告主的业务

相关的受众群体，广告主不仅能够节省费用，还能增加广告吸引点击和转化的可能性。

2）灵活出价策略

灵活出价策略可以完全按照广告主想要的时间、对象和方式进行自动出价——既可以同时应用于多个广告系列，也可以仅针对某个广告系列中的某个部分。每种灵活出价策略都旨在帮助广告主实现特定业务目标。

灵活出价策略类型如表 3-3 所示。

表 3-3 AdWords 灵活出价策略类型

目标	灵活出价策略	何处应用
增加网站访问次数。 在不超出支出范围的情况下，提高低流量字词的点击次数	为了尽可能争取更多点击次数，出价策略会在您选择的目标支出金额范围内，自动设置出价以帮助您尽可能获得更多的点击次数。这是自动出价的灵活版本。 详细了解如何尽可能争取更多点击次数	广告系列、广告组、关键字
在 Google 搜索结果首页或页首位置更多地展示您的广告	目标搜索页位置出价策略会自动调整出价，从而帮助提高您的广告显示在搜索结果首页或页首的概率。 详细了解目标搜索页位置	广告系列、广告组、关键字
在搜索结果中的排名超过其他网域	排名胜出率目标出价策略自动设置出价，让您的广告在搜索结果中的排名高于其他网域广告的排名。 详细了解排名胜出率目标	广告系列、广告组、关键字
利用目标每次转化费用获得更多转化次数	目标每次转化费用出价策略自动设置出价，帮助您增加转化次数，同时满足您的平均每次转化费用目标。它是转化优化工具的灵活版本。注意：实际的每次转化费用可能会高于或低于您设定的目标费用。 详细了解目标每次转化费用	广告系列、广告组
增加转化次数，同时控制关键字出价	智能点击付费（eCPC）出价策略会根据每次点击产生转化的可能性高低，自动上下调整您的人工出价。 详细了解智能点击付费	广告系列、广告组

目标	灵活出价策略	何处应用
在对每个转化设置不同价值时实现广告支出回报率目标	广告支出回报率目标出价策略会自动设置出价以最大限度地提高您的转化价值，同时努力达到平均广告支出回报率。注意：实际的广告支出回报率目标可能会高于或低于您所设定的目标。 详细了解广告支出回报率目标	

3）效果参数

①有效出价调整：通过设置出价调整，广告主可以针对某些定位方法提高或降低出价，从而更有效地控制广告的展示时间和位置。

示例：为了获得更多向特定再营销列表中的用户展示广告的机会，广告主可以设置 +25% 的出价调整。

请注意，如果广告主使用自动出价策略，则出价调整的工作方式会有所不同。

②跟踪模板：广告主希望用户由某些网址引导到达广告主的着陆页。广告主可以使用此网址为其广告设置第三方跟踪。具体使用方法为输入在用户点击广告时使用的跟踪网址或重定向网址。

③自定义参数：自定义参数是指广告主可以添加到最终到达网址和跟踪模板的代码。

当用户点击广告主的广告时，网址会记录该广告的相关信息，包括该代码的值。

具体使用方法：输入此代码的名称及要记录的值，如展示的具体广告或触发该广告的关键字。

④广告组类型：广告组类型决定了广告组中可包含的广告格式。

该参数含义为广告组中只能包含格式相同的广告，如插播广告或展示广告。

注意事项：若要投放插播视频广告和展示视频广告，则广告主需要制作两个不同的广告组。

⑤效果：具体包括点击次数、展示次数、点击率、平均每次点击费用、

平均每千次展示费用、总费用、平均排名、总费用。

⑥互动：当查看者展开广告主的横幅广告时，就发生了一次互动。另外，将来其他广告类型可能也会支持互动指标。

该参数的重要意义在于利用互动次数，广告主可以了解广告的具体效果如何。高度相关、定位精准、内容极富吸引力的广告能够鼓励查看者与广告主的品牌进行更深入的互动。

⑦互动率：互动率衡量的是广告主的广告向用户展示后，用户与其互动的频率。广告主可以使用此指标来了解广告主广告的效果如何。

该参数的统计方式是用广告的互动次数除以广告的展示次数即可得出互动率。

互动率 = 互动次数 / 展示次数。

示例：如果广告主广告的互动次数为 10 次，展示次数为 1000 次，那么互动率就是 1%。

此外，这一部分还包括以下常见参数，如相对点击率、平均每次互动费用、观看次数、观看率、平均每次观看费用、平均费用。

社交指标：包括 +1 推荐、分享次数、评论数量、关注次数、获得的展示次数、获得的社交操作次数。

通话详细信息：包括电话展示次数、客户来电次数、致电率、电话费用、致电转化次数。

转换次数：如果广告主已在网站上设置了转化跟踪，那么"转化操作名称"和"转化跟踪目的"这两个细分可以帮助广告主深入了解各个转化操作和转化类型的转化效果。

竞争指标：包括搜索网络展示次数份额、搜索网络完全匹配展示次数份额、搜索网络错失展示次数份额（评级）、展示广告网络展示次数份额、展示广告网络错失展示次数份额（评级）、相对点击率。

可见效果（这些统计信息只能反映展示网络广告上的活动）：包括可见展示次数、可见点击率、平均每千次展示费用、可衡量展示次数、可见展示次数 / 可衡量展示次数、可衡量展示费用、可衡量展示次数 / 总展示次数。

更改历史记录：包括所有更改、出价变更数量、关键字更改数量、状态变更数量、广告更改数量。

Gmail 指标：包括 Gmail 保存次数、Gmail 转发次数、Gmail 点击访问网站次数。

YouTube 所获操作次数：包括所获得观看次数、所获订阅次数、所获被添加到播放列表的次数、所获"顶"次数、所获分享次数。

出价策略：包括出价策略名称、出价策略、出价策略类型、出价策略来源。

谷歌分析：包括跳出率、每次会话浏览页数、平均会话时长（秒）、新会话所占的百分比。

时间：包括日期、星期、月份、季度、年份、时段。

投放网络：广告主可以使用此细分来比较 Google 搜索网络与 Google 展示广告网络的效果。此细分经常用于比较广告标签下的各个广告。

点击类型。

设备：广告主可以使用此细分来比较不同设备的效果：计算机、配备完善的网络浏览功能的移动设备，以及配备完善的网络浏览功能的平板电脑。

默认最高每次点击费用：默认最高每次点击费用是广告主愿意为每次点击支付的最高金额。默认的每次点击费用最高出价是在广告组一级进行设置的，但是广告主可以通过为个别关键字设置具体的最高每次点击费用来替换出价设置。请注意，广告主为每次点击支付的金额不会超过最高每次点击费用。通常情况下，广告主支付的金额都比这要少。广告主可以在"平均每次点击费用"列中查看其为点击支付的平均金额。

最高每千次展示费用。

最高每次观看费用：每次观看费用出价是用来设定广告主为 TrueView 视频广告（使用 AdWords 制作）支付的价格的默认方式。广告主需要为视频的观看和其他视频互动（如点击号召性用语重叠式广告、信息卡和随播广告）付费，以最先发生的为准。

广告系列名称。

广告系列。

竞价洞察。

广告系列类型。

广告系列子类型。

状态："状态"列会显示各广告系列或广告组当前的状态信息，包括已暂停、已移除、受到预算的限制等状态。

（4）广告参数

1）设置参数

①类型：包括文字广告、图片广告、广告创意库、应用/数字内容广告、动态赞助搜索广告、移动应用互动广告、来电专用广告、视频广告。

②标题：标题为广告内容描述的第1行和广告内容描述的第2行。

③最终到达网址：最终到达网址是指用户点击广告后到达广告主网站上的网页的网址。

④移动网址：移动网址是用户在移动设备上点击完广告主的广告后将转到的网页。

注意，只有在选择"最终到达网址"着陆页后才能使用此网址。

⑤跟踪模板：广告主希望用户在到达广告主的着陆页前经过的网址。广告主可以使用此网址为广告主的广告设置第三方跟踪。

该参数具体使用方法是输入在用户点击广告时使用的跟踪网址或重定向网址。

提示：通过点击"跟踪模板"字段右侧的测试可以检查广告主在AdWords中设置的着陆页是否正确。即使广告主是在较高的级别（如广告主的广告系列或广告组）设置的跟踪模板且广告主的广告跟踪模板为空，广告主也可以对单个广告进行测试。

2）效果参数

①属性：属性包括以下参数。

标签。

广告系列类型。

广告系列子类型。

广告类型：此列显示在广告标签下，可以说明广告主正在投放的广告类型，如文字广告、图片广告、移动广告或视频广告。

广告ID。

设备偏好设置：选择"移动设备"以表明广告或附加信息已针对移动设备进行优化。该参数的统计原理是勾选"移动设备"选项的广告会优先在移动设备上展示；而标准的文字广告和附加信息则会优先在桌面设备、笔记本电脑和平板电脑上展示。如果广告主的广告组是仅针对移动设备进行了优化的文字广告，那么这些广告仍可能会展示在桌面设备、笔记本电脑和平板电脑上。

需要注意，在撰写广告文字时，请注意强调面向移动设备的特殊优惠或折扣。请使用显示网址，方便用户随时随地查看。

提示：请在移动设备优化版附加链接中突显店铺定位工具或店内优惠信息。在附加应用信息中显示链接以供下载或打开您的移动应用。

视频。

政策详情（广告是否被批准）。

图片网站。

跟踪模板。

自定义参数。

②效果：效果包括以下参数。

投放百分比：此参数显示的是同一广告组中相对于其他正在投放的广告所获得的展示次数，是某个广告获得的展示次数百分比。此列仅显示在广告标签下。在一个广告组中，各广告的广告投放比率或展示次数不同是正常现象。

下列因素会影响广告的展示频率。

广告轮播：默认情况下，所有广告系列均采用优化广告投放方式。这意味着，如果某个广告具有较高的点击率，那么相对于广告组中的其他广告，该广告会获得更多的展示机会。系统会自动选择效果较好，而且能为广告主的网站带来更多流量的广告。

如果广告主希望 AdWords 系统以大致均匀的方式投放自己的广告，那么可以选择不使用优化广告投放选项。请注意，即使广告主选择不采用这一投放选项，广告主的广告的投放比率或展示次数仍可能会有所差别。这是因为，AdWords 系统在搜索结果页上对某个广告进行排名时，会考虑其质量得分。

质量得分较高的广告可能会在搜索结果的第一页投放，此时，相应广告的每次投放都会产生一次展示。另外，质量得分较低的广告可能会在搜索结果的第二页投放，在这种情况下，只有在用户点击浏览此页时，广告主的广告才会产生一次展示。

时间：如果某个广告是在某天较晚的时段被制作，那么该广告在当天结束时的投放百分比将低于现有广告。但此差别将随时间的推移而逐渐缩小。

审批状态：尚未经过审核与批准的广告将只会在 Google 上展示。如果广告尚未在 Google 广告网络中产生过展示次数，其投放比率会比较低。

点击次数。

展示次数。

点击率：这是反映广告主广告效果状况的一个主要指标。它显示了有多少用户在看到广告主的广告后进行了点击。一般来说，在搜索网络中的点击率低于 1% 即表示广告未准确定位到相关的受众群体。如果广告主发现自己投放的广告点击率低于 1%，则可以尝试使用这些制作广告的参考提示来改进自己投放的广告。

平均每次点击费用：该参数不要与最高每次点击费用混淆，它表示每次有人点击广告主的广告时，广告主所支付的"平均"费用。平均每次点击费用等于所有点击次数的费用总和除以点击次数。

平均每千次展示费用。

总费用。

平均排名。

互动。

互动率。

平均每次互动费用。

观看次数。

观看率。

平均每次观看费用。

平均费用。

视频播放百分比（25%、50%、75%、100%）：了解客户实际观看视频广告的长度。如果视频广告的播放率较低，或者观看者会提前放弃观看该视频，那么这可能表示广告主需要调整广告内容，确保视频内容能够吸引用户。

③社交指标：社交指标包括 +1 推荐、分享次数、评论数量、关注次数、获得的展示次数、获得的社交操作次数。

④效果指标：效果指标包括可见展示次数、可见点击率、平均每千次展示费用、可见展示次数 / 衡量展示次数、可衡量展示费用、可衡量展示次数 / 总展示次数。

⑤ Gmail 指标：Gmail 指标包括：Gmail 保存次数、Gmail 转发次数、Gmail 点击访问网站次数。

⑥ YouTube 所获操作次数：YouTube 所获操作次数包括所获得观看次数、所获订阅次数、所获被添加到播放列表的次数、所获"顶"次数、所获分享次数。

⑦谷歌分析：谷歌分析包括跳出率、每次会话浏览页数、平均会话时长（秒）、新会话所占的百分比。

⑧效果指标：效果指标包括总费用、平均每次点击费用、平均每千次展示费用、点击率、平均排名、点击次数、展示次数、互动、互动率、平均每次互动费用、观看次数、观看率、平均每次观看费用、平均费用、广告文字、显示网址、目标网址（着陆页列位于关键字等标签中，如果广告主设置关键字一级的着陆页，其优先级将高于广告主为每个广告设置的着陆页）、最终到达网址、最终到达移动网址、跟踪模板、审批状态、政策类别（AdWords内容政策所禁止的广告类别，如赌博、成人内容、种族或民族信息等）、拒登原因、广告组、广告组名称、广告系列、广告系列名称、广告系列子类型、广告类型、标签、设备偏好设置。

⑨广告附加信息：广告附加信息包括附加链接、附加地址信息、附加电话信息、附加应用信息、附加评价信息、附加宣传信息、附加结构化摘要信息、自动附加信息报告、附加信息效果对照、状态（"状态"列会显示广告主的广告是否在正常投放；如果没有，则还会显示其是处于已暂停、已移除还是已拒登的状态）。

（5）关键字

1）设置参数

设置参数包括选择关键字、最高每次点击费用。

2）效果参数

属性指标包括广告系列类型、广告系列子类型、标签、出价策略、出价策略类型、最终到达网址、跟踪模板、自定义参数。

质量得分是针对广告、关键字和着陆页质量的估计值。质量较高的广告能够以较低的价格获得较为理想的广告排名；每当广告主的关键字与客户搜索的内容相匹配时，平台系统就会确定决定广告主质量得分的因素（预计点击率、广告相关性和着陆页体验）；在广告主账户的"关键字分析"字段中，可以了解广告主的广告质量的大致情况（采用 1 ~ 10 的等级表示），要找到此得分，请选择"关键字"标签，然后点击任意关键字状态旁边的白色气泡图标；广告主的广告和目标网页与用户的相关度越高，就越有可能从 1 ~ 10 档的质量得分中获得更高的成绩，也更有可能从更高的广告评级质量因素中受益，如获得较高的广告排名和较低的每次点击费用。

搜索首页展示估价、页首出价估算值、头条出价估算值：

这些指标用于估算当搜索字词与广告主的关键字完全匹配时，将广告主的广告显示在谷歌搜索结果首页、页首或头条所需的每次点击费用出价。这些估算值基于质量得分和广告客户最近对该关键字的竞争情况。

在极少数情况下，"页首出价估算值"和"头条出价估算值"会超过 100 美元，当发生此类情况时会标注 "≥ US$100"。以其他货币查看"页首出价估算值"和"头条出价估算值"时，广告主会在相当于 100 美元的首选货币出价旁看到类似注释。

请注意，这些估算值并不保证广告主一定可以通过相应出价赢得相应的展示位置。广告排名受多种因素的影响，包括其他广告客户的活动、搜索用户的活动、账户设置，以及预算更改等账户活动。基于以上种种原因，即使广告主的出价达到了估算值，广告主的广告可能也不会出现在首页或页首。

3）匹配类型

该参数适用于每个关键字的设置，有助于控制关键字在与用户的搜索字词达到何种匹配程度时才会触发广告主的广告。

　　每个关键字均可配合一种匹配选项来帮助控制哪些搜索可以触发广告主的广告进行展示。广告主可以为一个关键字选择一种或多种匹配选项。如果不指定具体的匹配选项，关键字将默认采用广泛匹配。

　　以下是有关各个选项的简要介绍。

　　广泛匹配是指使广告主的广告可以在用户搜索相似的短语和相关的变体形式时展示。

　　·示例：小猫。

　　·匹配的搜索：小猫、小猫照片、领养小猫。

　　广泛匹配修饰符是指使广告主的广告可以针对包含广告主的广泛匹配关键字或其紧密变体形式的搜索进行展示。

　　·示例：+ 领养、+ 小猫。

　　·匹配的搜索：领养小猫、如何领养小猫、最适合领养的小猫。

　　词组匹配：使广告主的广告只会针对包含广告主指定的确切词组或其紧密变体形式（同时不能包含其他字词）的搜索进行展示（同时可以包含其他字词）。

　　·示例："领养小猫"。

　　·匹配的搜索：领养小猫、领养小猫、如何领养小猫。

　　完全匹配：使广告主的广告只会针对包含广告主指定的确切词组或其紧密变体形式（同时不能包含其他字词）的搜索进行展示（同时不能包含其他字词）。

　　·示例：[领养小猫]。

　　·匹配的搜索：领养小猫、领养小猫。

　　否定匹配是指确保广告主的广告不会针对任何包含指定字词的搜索进行展示。

　　·示例：– 免费。

　　·不匹配的搜索：免费小猫领养、免费小猫日历、谁想要免费的小猫。

　　（6）出价模拟器功能

　　出价模拟器的各列功能在于估算，如果广告主在过去使用了不同的出价，可能会如何影响广告效果。然而，这些列并不用于预测或保证未来的广告效果。请注意，对于采用每次点击费用自动出价或转化优化工具的广告系列，以及那些长期接近或达到每日预算上限的广告系列，出价模拟器可能无法生成准确的估算值。

（7）基准最高每次点击费用

"基准最高每次点击费用"列中显示的是 AdWords 为出价模拟器的其他各列创建点击估算值和费用估算值时所用的出价。当广告主评价出价模拟器结果时，请参考此列，而不是"每次点击费用的最高出价"列。列中出现"––"表示进行估算所需的数据不够，或者表示能够用于模拟的数据是 7 天前的数据。

基准最高每次点击费用还包括：

每周预增点击次数（–50% 出价）；

每周预增点击次数（+50% 出价）；

每周预增点击次数（+300% 出价）；

每周预增点击次数（页首出价）；

每周预增点击次数（"头条"出价）；

每周预增费用（–50% 出价）；

每周预增费用（+50% 出价）；

每周预增费用（+300% 出价）；

每周预增费用（页首出价）；

每周预增费用（"头条"出价）。

（8）出价策略

包括出价策略名称、出价策略、出价策略类型、出价策略来源。

（9）谷歌分析指标

包括跳出率、每次会话浏览页数、平均会话时长、新会话所占的百分比。

（10）效果指标

包括总费用、平均每次点击费用、平均每千次展示费用、点击率、平均排名、点击次数、展示次数、互动、互动率、平均每次互动费用、观看次数、观看率、平均每次观看费用、平均费用、互动、互动率。

（11）竞争指标

① 搜索网络展示次数份额：展示次数份额是指广告主实际获得的展示次数除以广告主有资格获得的预估展示次数所得到的百分比。展示资格取决于广告主当前广告的定位设置、审批状态、出价，以及质量得分。

② 搜索网络完全匹配展示次数份额。

③ 搜索网络错失展示次数份额（评级）。

④ 时间。

⑤ 搜索字词匹配类型：该参数按搜索字词匹配类型细分关键字，可以帮助广告主了解用户的实际搜索字词与广告主所用关键字之间的关联程度。这一细分类型可以显示广告主的关键字在广泛匹配、词组匹配和完全匹配情况下的效果。使用此细分，广告主可以查看特定关键字在不同搜索字词匹配类型下的点击次数、展示次数或点击率。广告主借此可以对关键字匹配类型做出相应调整，以改善其效果。

举例：假设广告主使用了设置为广泛匹配的关键字"宠物狗玩具"，而某个客户搜索了"买给宠物狗的玩具"，此时的搜索字词匹配类型为广泛。如果用户搜索"买宠物狗玩具"或"宠物狗玩具购买"，则搜索字词匹配类型为词组。如果客户的搜索字词仅为"宠物狗玩具"，那么搜索字词匹配类型为完全。

⑥ 投放网络（含搜索网络合作伙伴）：广告主可以使用此细分来比较 Google 搜索、搜索网络合作伙伴，以及 Google 展示广告网络的效果。此细分经常用于按投放网络来比较广告标签下各个广告的效果。

⑦ 点击类型。

⑧ 设备。

⑨ 顶部或其他。

⑩+1 注释。

⑪ 最高每次点击费用：最高每次点击费用是广告主愿意为每次点击支付的最高金额。如果广告主想根据效果来为个别关键字设置更高或更低的出价，则可以为它们设置具体的最高每次点击费用。请注意，广告主为每次点击支付的金额不会超过最高每次点击费用。通常情况下，广告主支付的金额都少于最高每次点击费用。广告主可以在"平均每次点击费用"列中查看广

告主为点击支付的平均金额。

⑫ 目标网址。

⑬ 最终到达网址。

⑭ 最终到达移动网址。

⑮ 跟踪模板。

⑯ 关键字文字。

⑰ 竞价洞察。

⑱ 状态："状态"列会显示各个关键字是否处于可触发广告、已暂停、已移除、已拒登等状态。

⑲ 质量得分：该列有助于广告主监控关键字的质量得分情况。

⑳ 匹配类型。

㉑ 标签。

㉒ 关键字文字。

㉓ 广告组。

㉔ 广告组名称。

㉕ 广告系列。

㉖ 广告系列名称。

㉗平均每月搜索量：根据广告主所选择的地理位置和搜索网络定位，用户搜索完全匹配关键字的平均次数。平台的后台系统会计算相应字词在 12 个月中的搜索次数的平均值。

㉘竞争程度：相对于 Google 上的所有关键字，对每个具体关键字出价的广告客户数量。请注意，此数据针对广告主所选择的地理位置和搜索网络定位设置而提供。"竞争程度"列中会显示关键字的竞争程度为低、中或高。

㉙建议出价：在计算广告主的建议出价时，系统平台会考虑针对广告主所选择的地理位置和搜索网络来设置广告主为此关键字所需要支付的每次点击费用。此金额只是一个预测值，广告主的实际每次点击费用可能会有所不同。

㉚广告展示次数份额：是指上个自然月中，在符合广告主的地理位置和投放网络定位条件且与广告主的关键字完全匹配的总搜索次数中，广告主实

际获得的展示次数所占的比例。请注意，系统平台的广告展示次数份额列与广告系列管理界面中的展示次数份额列、完全匹配展示次数份额列不同。后面二者基于针对某个关键字广告主本来有资格获得的展示次数，而前者基于针对该完全匹配关键字的搜索量。如果广告主在广告展示次数份额列中看到一条短横线（－），则表示没有足够的数据来计算此值。

㉛转化次数（总转化次数估算值）：针对这些关键字，广告主可以获得的总转化次数的估算值。平台后台系统会将广告主的历史估算总转化率作为广告主的默认总转化率，但广告主可以对此进行修改。

㉜平均每次转化费用（估算的平均每次转化费用）：预计费用除以广告主可能会获得的转化次数所得的值。

㉝总转化价值：这些关键字预计会获得的所有转化的总价值。平台系统会将广告主的历史平均转化价值作为广告主的默认转化价值，但广告主可以对此进行修改。

㉞广告支出回报率：广告主可以获得的总转化价值除以广告主广告的预计费用所得的值。

3.3　谷歌广告投放系统的使用建议

本章通过相关资料的查询整理，使用账号在 AdWords 中进行实际操作，总结出 AdWords 的层次结构分为：账户、广告系列、广告组、广告、关键字，并系统整理了各层次包含的设置参数与效果参数，更进一步对每个参数的含义及用法进行了解释。

广大广告主使用谷歌广告投放系统时，可以参考以下建议。

首先，明确广告目标，了解受众群体。在制作广告系列之前，先确定营销目标，以便确保定位、预算和广告格式达到最佳效果。制作效果理想的广告需要花费时间，要真正考虑清楚希望哪些人看到并回应广告。思考他们的具体需求，以及他们可能想了解的信息，并使用产品信息、广告文字和其他素材资源来满足他们所需的信息及其他需求。

其次，进行预算分配。如果管理多个广告系列，则要确保为效果更好的广告系列分配更多预算，以帮助实现业务目标，并减少实验或 ROI 不佳的广告系列的预算。可以在广告系列制作期间和制作后使用高级地理位置定位选项，以实现最优地理位置定位并提升广告系列的效果。在广告投放期间，要避免广告过度曝光。使用频次上限（适用于展示广告系列和视频广告系列）限制向相同用户展示广告的次数，有助于避免过度向客户和潜在客户展示广告。同时通过定位提高相关性，利用内容定位（如使用关键字、展示位置和/或主题定位），可以在客户和潜在客户正在浏览的相关内容旁展示广告。若要扩大规模，不妨考虑使用受众群体定位（如受众特征定位、再营销受众群体、自定义受众群体和兴趣相似的受众群体），这种定位方式会定位客户而非网页内容。

再次，广告主应该通过观察加以效果优化。如果适用，请善加利用观察设置。观察设置不会影响哪些用户可以看到广告主的广告或广告的展示位置，但可以让广告主在投放期间监控广告在采用各种自选展示位置、主题或受众群体时的效果。广告主可以使用这些报告中的数据来提升广告效果；同时，尽可能尝试整合同一广告系列类型的广告系列，以减少要管理的广告系列数量并监控和整理广告系列，实现最合理的预算分配。如果展示不同类型的广告，那么不妨考虑使用不同的广告系列类型，这样有助于实现业务目标。广告主可以通过了解可供使用的各种广告系列类型，以便选择最符合营销目标的广告系列类型，在有用且适用的情况下使用智能出价。对于赞助搜索广告系列，智能出价会在搜索字词一级实时设置出价，而对于其他广告系列类型，智能出价会使用数十种信号来设置最合理的出价。

广告投放后期，广告主要利用转化跟踪和线下转化跟踪功能提升转化质量。线下转化跟踪功能有助于跟踪潜在客户在深入销售漏斗时的转化情况。要善于运用 Google 分析使用，获得更深入的数据洞见。

最后，广告主要通过反复测试来了解并提升广告效果。例如，广告主可以为同一产品投放使用不同风格文字图片搭配的广告，以便了解哪些文字和（或）图片效果最好，还可以测试不同类型的定位设置。广告主可以根据测试结果对广告进行优化，添加效果最理想的素材资源。以上建议有助于 Google 广告投放系统的专业人员获得更加全面和准确的指导。

3.4　本章小结

Google 广告投放系统——Google AdWords 是处于全球互联网领域领先地位的赞助搜索广告投放系统，这个系统为广告主提供了一种在搜索引擎结果页面上投放广告的方法，并允许广告主通过关键词广告来定位他们的目标受众。AdWords 功能强大，能满足广告主各类复杂的赞助搜索广告投放需求，它为广告主提供了一种有效的在线营销方式，帮助他们扩大品牌知名度、吸引潜在客户并提高销售业绩。AdWords 的投放方式非常灵活，广告主可以选择投放广告的时间、地点、预算和目标受众，从而确保广告能够准确地触达他们的目标受众。此外，AdWords 还提供了丰富的报告和分析工具，帮助广告主了解广告的效果和表现，并根据数据调整他们的广告策略。

经过多年的发展，Google 作为全球最大的搜索引擎，其广告投放系统发展出了一套包含复杂广告结构和参数形式的广告投放规则。因此，广告主需要考虑推广需求，以及搜索竞价市场和关键字表现的不确定性，在充分了解 AdWords 广告投放系统的复杂投放规则的基础之上，构建合理的广告计划与广告组，针对广告结构选择与组合关键字，以便最大化收益并最小化风险。后期的关键字调整也没有那么简单，这是一个动态的循环调整过程，整个调整过程都必须在对 AdWords 竞价系统的规则了然于胸的情况下进行，以保证所有的关键字及组合都是合理且有效的。因此，了解 AdWords 搜索竞价系统的结构、参数与规则，是进行赞助搜索广告推广研究的基础。

本章旨在帮助广告主了解如何在 AdWords 账户中进行实际操作，通过相关资料的查询整理，使用账号在 AdWords 中进行实际操作，系统地归纳和总结出 AdWords 的层次结构分为 5 层，具体包括：账户、广告系列、广告组、广告、关键字。本章详细整理了各层次包含的设置参数与效果参数，并对每个参数的含义及用法进行了解释。

第 4 章
为什么赞助搜索广告的关键字很"关键"?

对赞助搜索广告而言,围绕关键字的大量工作是其中的核心环节。本章从整体的角度来分析赞助搜索广告的关键字,以帮助广告主理解关键字对于确保广告的有效性和成功的至关重要的地位。选择正确的关键字可以确保广告得到适当的展示和点击,提高转化率和 ROI,从而为广告主带来良好的商业效益。对广告主而言,关键字的好处包括以下内容。

广告展示:在搜索结果中,赞助搜索广告通常会展示在自然搜索结果之前或与自然搜索结果一起展示。这意味着用户更容易看到并点击这些广告。因此,使用有效的关键字可以确保广告在搜索结果中得到适当的展示,并吸引潜在客户的注意力。

点击率:关键字的选择和定位对于提高广告点击率至关重要。若关键字与广告内容相关且与用户搜索意图相匹配,则用户更有可能点击该广告。这有助于提高广告的点击率,并降低广告成本。

转化率:有效的关键字还可以帮助提高广告的转化率。若用户通过搜索关键字找到并点击了广告,则这意味着他们可能对广告中的产品或服务感兴趣。因此,选择正确的关键字有助于将潜在客户转化为实际购买者,从而提高转化率。

竞争:在赞助搜索广告中,竞争对手之间的竞争通常很激烈。选择相关的、高搜索量的关键字可以确保广告在竞争中获得更高的排名和更多的展示机会。

投资回报率（ROI）：选择正确的关键字可以提高 ROI。通过使用高价值的关键字，广告主可以吸引更多潜在客户，并最终将他们转化为购买者。这有助于提高广告的 ROI，使广告更具成本效益。

因此，广告主必须对互联网中用户常用且流行的搜索词汇进行充分的收集和了解，这可以帮助他们确定哪些关键字更能吸引潜在客户，并使他们的广告在搜索结果中得到更好的展示和点击。以下是一些常用的工具可以帮助广告主收集和了解用户常用的搜索词汇。

①搜索趋势分析工具：使用搜索趋势分析工具，如 Google Trends、百度指数等，可以了解不同时间段内用户搜索的热门话题和关键字。这些工具可以帮助广告主确定哪些关键字具有高搜索量和流行度，以及它们在不同地区的受欢迎程度。

②竞争对手分析：研究竞争对手的广告和网站，了解他们使用的关键字和主题。通过分析竞争对手的关键字策略，广告主可以了解用户对这些关键字的兴趣和需求，并借鉴竞争对手的成功经验。

③用户调查和反馈：通过用户调查和反馈渠道，了解用户在搜索时使用的关键字和查询语句。这些信息可以帮助广告主了解用户的购买决策过程，并优化他们的广告创意和关键字选择。

④社交媒体趋势：关注社交媒体上的热门话题和趋势，了解用户在社交媒体上搜索和讨论的关键字。这些关键字可能与用户的兴趣、娱乐、新闻事件等有关，广告主可以利用这些信息来定位他们的广告内容。

⑤关键字建议工具：利用关键字建议工具，如 AdWords 关键字工具、百度关键字工具等，可以输入一个关键字或主题，并获得相关的关键字建议。这些工具可以帮助广告主拓展他们的关键字库，并发现新的机会。

灵活运用以上工具，结合用户的需求分析和广告投放平台的用户定位，广告主可以遵循下列环节来深入了解和掌握关键字（图 4-1）。

网站定位
需求分析

搜集关键字 ┤ 确定核心关键字
　　　　　　　关键字扩展
　　　　　　　长尾关键字分析

关键字竞争程度判断
关键字分类
关键字分布

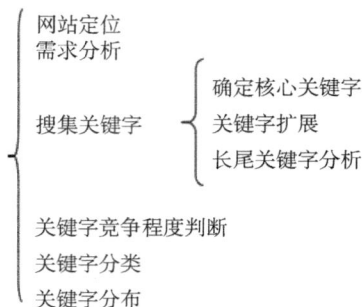

图 4-1　广告主了解和掌握关键字可遵循的环节

4.1　如何理解关键字？

（1）你竞标的关键字有人搜索么？

广告的核心关键字不能想当然，必须经过关键字研究才能确保这个关键字有网民在搜索，没人搜索的关键字没有任何价值。

要确定适当的关键字，首先要做的是，确认用户对该关键字的搜索次数是否达到了一定数量级。广告主可以使用搜索引擎的关键字规划工具来了解相关关键字的使用频率和搜索趋势；还可以使用社交媒体平台和在线论坛等资源来了解目标受众的需求、兴趣，以及竞争对手的情况。在选择竞标关键字时，建议选择与自身的产品或服务密切相关的关键字，并确保这些关键字能够准确地传达公司的价值和优势。同时，要注意避免选择过于热门或过于冷门的关键字，以免不必要的竞争或流量不足。最后，建议在竞标前进行充分的市场调研和数据分析，以制定合理的竞标策略和预算，提高中标的机会。

（2）降低关键字优化的难度

做关键字研究就是要找到被搜索次数多，同时难度不太大的关键字，网站优化才有可能在一定的预算、周期下取得较好效果。搜索找寻关键字时，要从竞争度、优化难度、客户搜索方式及意图等多个维度进行考量，以确保所选关键字既能吸引目标客户，又具备足够的搜索量，这要求广告主对市场和目标受众有深入的了解。也要确保广告页面内容进行了同步优化：确保页面内容与选定的关键字基调相关，且质量高。Google 等搜索引擎更倾向于展示那些与搜索请求相关且质量高的页面。因此，定期更新网站内容，确保其相关性和高质量，是降低关键字优化难度的重要方式。

现在的搜索引擎越来越重视用户体验，因此提升网站的整体质量，如加载速度、易用性和移动友好性等，能有效降低关键字优化的难度。外链是搜索引擎判断网站权重的重要标准之一。建立来自权威网站的高质量外链，能有效提升网站的权重，从而降低关键字优化的难度。搜索引擎的算法会不断更新，因此需要定期检查关键字的排名和流量情况，根据变化及时调整优化策略。

（3）力求跟上用户搜索的多样性

搜索词不局限于我们容易想到的热门关键字。用户使用的搜索五花八门，这使关键字优化成为一项具有挑战性的任务。一些用户可能会使用具体的关键字，而另一些用户则可能使用更加广泛或模糊的搜索短语。因此，在进行关键字优化时，需要考虑到各种可能的搜索方式，并使用相关的关键字和短语来提高页面的可见性和吸引力。同时，还需要对目标受众进行深入的研究，了解他们的搜索习惯和需求，以便更好地满足他们的需求。搜索引擎优化（search engine optimization，SEO）人员必须知道除了用户常用的搜索用词，还有哪些被搜索的具体的词，以及搜索次数是多少，这样才能确定网站核心关键字。

（4）打破思维定势，发现新机会

每个人的思维都会有局限。研发和销售某些特定产品的人，思路很容易被局限在自己和同事最常用的词汇上。而用户需求千变万化，上网经验也不同，他们会搜索各种各样我们想不到的词。搜索引擎优化人员可能会因为长期使用特定的词汇和术语而形成一种思维定势，这可能会限制他们的思路和创造力。

为了打破这种局限，以下是一些建议：首先，要保持开放的心态，尽量使用更广泛、更普遍的词汇来描述产品和服务，而不仅仅局限于自己和同事最常用的词汇。这样可以吸引更广泛的受众群体，并提高产品的可见性。其次，要深入了解目标受众的需求和兴趣，以便更好地了解他们可能使用的搜索词汇；通过市场调研、用户研究和数据分析等方式，可以更好地了解目标受众的搜索习惯和需求；还可以借鉴竞争对手的成功经验，了解竞争对手的关键字策略和优化方式来帮助自己发现新的关键字和优化思路；同时，不要只关注少数几个关键字，而是要使用多样化的关键字来描述产品和服务，这样可以增加产品的可见性和吸引力，并提高搜索引擎的排名。最后，随着搜索引擎算法的不断更新和变化，搜索引擎优化研发和销售人员需要不断学习和更新知识，以便跟上市场和技术的变化；通过参加培训课程、阅读相关书籍和博客、参加行业会议等方式，可以不断扩展自己的知识和技能。

总之，打破思维定势需要保持开放的心态、了解目标受众、参考竞争对手、多样化关键字，以及不断学习和更新知识。这样可以帮助搜索引擎优化研发和销售人员更好地优化关键字，提高产品的可见性和吸引力。

4.2 如何理解关键字的不同类型？

按照搜索目的不同，关键字大致可以分为 3 种类型：导航类、交易类和信息类。

（1）导航类关键字

用户在搜索特定网站时，即使他们明确知道自己想要访问的网站，但仍倾向于通过搜索引擎进行搜索。因为他们认为在搜索引擎中直接搜索更为便捷，省去了记忆和输入网址的麻烦，所以在搜索引擎中直接输入品牌名称或与特定产品有关的词后，通常这类关键字中排在第一的就是用户想访问的页面。

导航类关键词在搜索引擎中的搜索量通常占据显著地位，据统计，这类关键词的搜索量约占所有搜索请求的 10%，这构成了一个不容忽视的比例。深入剖析用户心理发现，即使用户明确知道自己想要访问的网站，却仍然倾向于通过搜索引擎进行搜索。这一现象背后反映了当前用户在互联网使用习惯上的一个重要变化，即他们倾向于将搜索引擎作为一种便捷的导航工具，而非仅仅作为信息检索的媒介。用户之所以采取这种方式，一方面可能是因为他们认为在搜索引擎中直接搜索并点击结果更为便捷，省去了将网站加入收藏夹或手动输入网址的麻烦；另一方面，这也可能反映出用户对搜索引擎的信任和依赖，认为搜索引擎能够为他们提供准确且及时的导航服务。

（2）交易类关键字

交易类关键字指的是用户带有明显购买意图的搜索，如"液晶电视机网上购买""华为手机价格"等。交易性关键字占全部搜索的 10%。显然交易类关键字的商业价值最大，用户已经完成商品研究比较过程，在寻找合适的卖家，离网上交易只有一步之遥，吸引到这样的搜索用户，转化率是最高的，所以在进行关键字研究时，发现这类交易意图比较明显的关键字，优先度应该放在最高，可以考虑特殊页面专门优化，交易类关键字在网站上的分布需要非常精确，把用户直接导向最能说服用户购买的页面，而不是分类或帮助等无关页面。

要找到交易类关键字，精确用户带有明显的购买意图的搜索，可以采取一系列方法。例如，研究竞争对手的网站和搜索策略，了解他们使用哪些关键字来吸引潜在客户，这些关键字可能是交易类关键字，因为它们直接与购买行为相关；通过分析用户在网站上的行为，如浏览、搜索、点击等，可以发现哪些关键字与购买意图最为相关。例如，如果用户在搜索某个关键字后，点击进入了一个商品页面或购物车页面，那么这个关键字很可能是交易类关键字。还可以通过调查问卷、用户访谈等方式，了解用户在购买过程中的需求和痛点，这些信息可以帮助广告主找到与购买行为相关的关键字；同时，可以使用本书介绍的一些关键字工具来查找与购买相关的关键字，这些基于大量的用户搜索数据的工具通常能够提供有关搜索量和趋势的信息。需要注意的是，找到交易类关键字后，还需要对其进行优化和推广，以吸引更多潜在客户的关注。这可能包括在网站上设置相关的商品页面、优化搜索引擎排名、制定营销策略等。

（3）信息类关键字

信息类关键字指的是没有明显购买意图，也不含有明确网站指向性的搜索，如"瑜伽服图片""宠物饲养方法"等。这类关键字占搜索数量的 80%。信息类搜索数量最多，变化形式也最多，用户通常还处在了解需求、商品研究阶段，针对信息类关键字进行优化，是网站长尾页面的任务。可以从互联网用户上网检索信息的行为中发掘购物意图，如观察和分析用户搜索的关键字，特别是与商品、品牌、价格、购买方式等相关的关键字，如果用户频繁搜索这些关键字，那么他们很可能是有购物意图的；观察用户在网站上的浏览行为，如浏览商品详情页、查看评论、比较价格等，如果用户在浏览过程中表现出对商品的兴趣和购买意愿，那么他们很可能是有购物意图的；分析用户的搜索历史，可以了解他们的兴趣和需求，如果用户在过去一段时间内频繁搜索与商品相关的关键字，那么他们很可能是有购物意图的；观察用户在社交媒体上的行为，如分享购物链接、讨论商品等，如果用户在社交媒体上表现出对商品的兴趣和购买意愿，那么他们很可能是有购物意图的。需要注意的是，以上方法只能提供一些线索，并不能确定用户的购物意图。因此，还需要结合其他信息，如用户的个人信息、地理位置、设备类型等，进行综合分析，同时，还需要注意保护用户的隐私和数据安全。

虽然信息类关键字并不一定能引发购买行为，但是在用户进行商品研究的过程中，能够进入用户视野也是非常重要的。专业的网站设计配合卓越的文案撰写，能够有效地使搜索信息的用户铭记网站或品牌名称。这种深刻的印象常常促使用户在未来直接通过搜索网站名称，即导航类关键字，来访问，从而显著提升了转化效率。网站内容越多，出现在信息类关键字结果的概率越大。

4.3 确定广告的核心关键字

选择关键字的第一步是确定网站核心关键字。

核心关键字通常就是广告网站首页的目标关键字。一般来说，整个广告网站会有很多目标关键字，这些关键字不可能都集中在首页进行优化，而是合理地分布在整个网站的各个位置，形成金字塔结构。

整个网站的关键字按照搜索次数、集中程度、优化难度逐级分布。可以运用以下有效的方法确定核心关键字。

（1）头脑风暴

确定核心关键字的第一步，是列出与自己网站相关的尽可能多的、同时比较热门的搜索词。自己事先可以通过头脑风暴列出待选词。

可以通过以下几个问题进行头脑风暴：

· 客户有什么问题？

· 客户如何描述这些问题，以及讨论出的解决方法是什么？

· 你的网站能为客户解决什么问题？

· 用户遇到这些问题时，会使用怎样的关键字？

· 如果你自己是顾客，在寻找这些问题的答案时会怎样搜索？

· 用户在寻找你的产品时会搜索什么关键字？

（2）听取建议

听取同事、朋友的建议，扩大信息渠道。

（3）竞争对手

查看竞争对手网站首页源文件，以及关键字标签和标题标签中列了哪些关键字。另外，Google 关键字工具可以根据整个页面正文内容提炼出最相关的关键字。

（4）服务器日志

寻找能够带来流量的关键字。

（5）社交网站

在社交网站中找到第一步提到的几个问题的答案。

（6）查询搜索次数

经过自己与朋友、同事的头脑风暴，并结合对竞争对手网站的深入分析，利用 Google 关键字工具和百度指数，查询这些关键字的搜索次数，这两个工具在进行搜索的同时会提供很多相关关键字。

从通过上述方案查找到的几十至上百个关键字中选出两三个作为网站核心关键字，通常有几种情况和策略。对中小企业网站、个人网站及新网站来说，核心关键字最好是效能最高的几个关键字，也就是搜索次数相对较多、几种指数相对较小的关键字；对有资源、有实力且有决心的公司来说，可以把目标定在搜索次数最多的几个关键字上，只要这几个关键字不是太宽泛就可以选择。

同时需要考虑以下几个因素。

（1）搜索量

满足一定搜索量次数的关键字。

（2）目标顾客

能够很好地满足顾客需求的关键字。

（3）边际利润

边际利润大的关键字。

（4）满足需求

满足自身需求的关键字。

确定核心关键字后，应进行初步的关键字扩展。关键字可以通过以下几种方式来进行初步扩展。

（1）关键字工具

最常见的关键字工具有 Google 关键字工具和百度指数。

（2）搜索建议

在百度或 Google 搜索框中输入核心关键字，搜索框会自动显示与此核心关键字相关的建议关键字。

（3）相关搜索

搜索结果页面的下方位置可以看到搜索引擎给出的相关搜索。

（4）其他关键字扩展工具

Google Trends、谷歌搜索解析、CNZZ 数据专家查询工具、站长工具、Wordtracker 等。

（5）各种形式的变体

同义词、相关词、简写、错别字。

（6）补充说明文字

地名、品牌、限定和形容词。

（7）单词交叉组合

上面提到的核心关键字、同义词、近义词、相关词、简写、地名、品牌名、限定词等，放在一起可以交叉组合出很多变化形式。

4.4 擅长使用长尾关键字

长尾关键字并不是真正的关键字，它们更像是一种非常特殊的关键短语。长尾搜索通常具备以下特征。

①平均 3 ～ 5 个词，甚至是短语；

②通常是不具有竞争力的短语；

③通常与某商品或特定的信息直接相关；

④每个月仅被点击几次。

那么，如何确定哪些长尾关键字适合自己的网站？要回答这个问题，必须理解用户的搜索方式。

用户很少搜索随机信息，而是经常查找某些特定信息。如果知道访问者可能搜索什么信息，就可以确定如何使用宽泛的关键字和含义较窄的长尾关键字来定位这些搜索。以下是用户使用搜索引擎可能会查找的一些信息。

①商品名；

②商品的功能；

③商品令人感兴趣的方面；

④商品的质量；

⑤商品的有效性；

⑥商品的用途；

⑦问题的解决方案；

⑧一般的行业术语；

⑨特殊的行业术语；

⑩一般术语和地理位置；

⑪ 特殊术语和地理位置。

在考虑用于推销网站和提高搜索引擎的关键字和短语排名时，应该同时考虑"尖头"关键字和长尾关键字。人们在购买过程开始时，会优先搜索那些大的"尖头"关键字（广泛流行的关键字）。但当他们缩小搜索范围时，就会搜索那些含义较窄的关键字，即长尾关键字，搜索不太常见关键字的用户通常是在寻找更有针对性的词语，这表示他们已经有了明确的购买意愿。

搜索宽泛的关键字的人员可能并不会立即达到转化目标，但他们可能会在未来成为潜在客户，所以广告主仍然希望把这些人员吸引到网站上。每一个长尾关键字都不会带来大量访问量，但会生成比较特殊的访问量，即有特定目标的人访问它们的访问量。所以我们在优化时应注意齐头并进，同时优化这两种关键字。

做好长尾关键字的关键在于收录和页面基本优化，通过大量有效内容及网站方面的优化确保页面收录。

4.5 判断关键字的竞争程度

搜索广告中，广告主要竞标关键字。有些关键字因为非常热门，所以价格被炒得很高。如何判断出竞争程度高的热门关键字？可以通过以下几种方式来判断。

（1）搜索量

通过搜索引擎工具查看关键词的搜索量，如果一个关键词的搜索量很高，那么它很可能是热门关键词。

（2）竞争程度

查看关键词的竞争程度，如果有很多广告主都在竞标同一个关键词，那么这个关键词很可能是热门关键词。

（3）搜索结果

查看搜索结果中的页面，如果有很多页面都在优化同一个关键词，那么这个关键词很可能是热门关键词。

（4）社交媒体

通过社交媒体平台查看关键词的讨论度和热度，如果有很多人在讨论同一个关键词，那么这个关键词很可能是热门关键词。

总之，判断热门关键字需要综合考虑多个因素，包括搜索量、竞争程度、搜索结果和社交媒体等。关键字选择最核心的要求是搜索次数多、竞争程度小。搜索次数可以只通过关键字工具查看，但竞争程度要复杂得多。下面列出几个可以用于判断关键字竞争程度的因素。

（1）搜索结果数

搜索结果页面都会显示这个关键字返回的相关页面总数。这个结果数是搜索引擎经过计算认为与搜索词相关的所有页面的数量，也就是参与这个关键字竞争的所有页面的数量。

显然，结果越多，竞争程度越大。结果数值在 10 万以下，表示竞争很小，容易优化。结果数达到几十万，说明关键字有一定难度。结果数达到一两百万以上，说明关键字已经进入比较热门的门槛。结果数达到千万级别，通常是行业通用名称，竞争非常激烈。

（2）intitle 结果数

使用 intitle 指令后，标题中出现关键字页面的网站才是真正的竞争对手。

（3）竞争结果数

搜索结果页面右侧及底部的广告数量，也是衡量竞争程度的指标之一。

（4）竞争价格

几大搜索引擎都提供工具，让广告主投放广告前能够看到某个关键字的大致价格、排名，以及能够带来多少点击流量。显然，竞争价格与竞争程度呈正相关。

（5）竞争对手情况

自然价格排在前面的主要竞争对手的情况，其各个方面都值得研究。

（6）内页排名数量

搜索结果页面前十位中，首页与内页的数量在一定程度上说明了竞争水平。一般说来，排在前面的内页数越多，竞争越小。

4.6　关键字的分布与布局

常见的关键字布局方式往往呈现金字塔结构。当然在实际操作中，还需要根据网站的特点和目标受众进行适当地调整和优化。在金字塔结构中，核心关键字位于塔尖，通常是少数几个最关键、最具代表性的词汇。这些关键字通常是用户搜索时最先考虑的，因此需要放在首页进行优化。

次一级的关键字位于塔身部分，数量可能较多，通常放在一级分类页面，如频道页或栏目页。这些关键字与核心关键字相关，但可能更具体或更细分。

再次一级的关键字，也就是长尾关键字，位于塔底，数量可能非常多。这些关键字通常放在具体产品页面或新闻页面，针对的是更具体的搜索需求。

这种金字塔结构有助于搜索引擎更好地理解网站的内容和结构，提高搜索结果的准确性和相关性。同时，有助于提高网站的可见性和排名，从而吸引更多的潜在用户。

（1）金字塔结构

一个比较合理的整站关键字布局类似于金字塔（图4-2）。

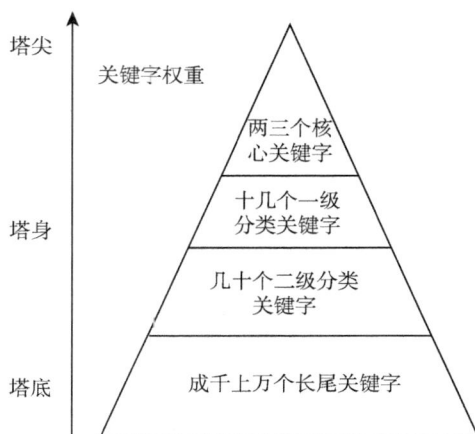

图4-2　关键字金字塔分布

塔尖：网站的两三个核心关键字应该放在首页，也就是塔尖部分。

塔身：网站的一级分类关键字应该有十几个，每个分类可以放两三个意思相近的词；一些中大型网站有二级甚至更多级别分类关键字，这些分类关键字的首页可以放再次一级的关键字。这些一级和二级分类页面的关键字组成了塔身部分。

塔底：更多的长尾关键字可以放在文章、帖子、产品等详细页，组成金字塔的底部。

（2）关键字分组

在选好核心关键字后，把剩下的关键字按逻辑进行分类，每一组关键字都针对一个分类。要想使关键字分组更多，就需要了解这个行业。

举个例子，假设核心关键字为羽毛球；一级分类关键字就可以是羽毛球馆、羽毛球培训、羽毛球活动、羽毛球资讯、羽毛球装备等；每一级分类下还可以有二级分类，如羽毛球培训可以分为：成年人羽毛球培训、青少年羽毛球培训等；有关羽毛球培训的文章可以放在二级分类下的文章列表。

这样，这个网站的关键字分布就比较清晰有序了。

（3）关键字布局

关键字分布在符合金字塔结构的前提下，还要注意以下几点：

①每个页面的关键字不可太多，一般为 2 ～ 3 个；

②每个关键字只能在一个页面优化；

③关键字的研究决定了网站内容的策划。只有明确了每个版块的关键字，网站的内容才能围绕主题详细有序地增多。

4.7　本章小结

本章从整体的角度来分析赞助搜索广告的关键字，以帮助广告主理解关键字对于广告的有效性和成功有着至关重要的地位。本章首先分析了对广告主而言，关键字的好处，包括帮助广告在搜索结果中得到适当的展示、提高点击率降低广告成本、将潜在客户转化为实际购买、赢得竞争、提高 ROI 等。

其次，列举了一些常用的工具来帮助广告主收集和了解用户常用的搜索词汇，帮助广告主开阔思维，打破知识定势，真正理解关键字的重要性。然后按照搜索目的不同将关键字大致分为 3 种类型：导航类、交易类和信息类，也提示广告主可以通过头脑风暴等方法来初步获取网站核心关键字。本章着重强调了长尾关键字的重要性，帮助广告主了解什么是长尾关键字、如何辨别长尾关键字，以及长尾关键字对于搜索广告的意义。搜索广告中，有些热门关键字被众多广告主追捧，价格被炒得很高，如何判断出竞争程度高的热门关键字也是本章的关注重点。

最后，分析了常见的关键字布局方式，其往往呈现金字塔结构。这种金字塔结构有助于搜索引擎更好地理解网站的内容和结构，提高搜索结果的准确性和相关性。在金字塔结构中，核心关键字位于塔尖，通常是少数几个最关键、最具代表性的词汇。这些关键字通常是用户搜索时最先考虑的，因此需要放在首页进行优化。次一级的关键字位于塔身部分，数量可能较多；再次一级的长尾关键字，位于塔底，数量可能非常多。

第 5 章
基于维基百科的
赞助搜索广告关键字生成

5.1 关键字生成在赞助搜索广告中的作用

在赞助搜索广告中，广告主需要先得到一个候选关键字集群，然后选择合适的竞价策略参与竞价，竞价成功的广告主的广告和搜索引擎结果页面的自然搜索结果一同显示，广告主们需要为有限的几个广告位展开竞争（Muthukrishnan et al.，2010）。赞助搜索广告通常是展现在搜索结果页面的广告位上的，而且每个关键字结果页面的广告位数量有限，每个广告位展现哪个广告取决于广告主对该关键字的出价及广告主的质量因子（quality factor）。对于每次搜索，广告位是在系统后台瞬间完成的连续竞价中确定的。作为赞助搜索广告在线投放过程的第一步，广告主会借助工具和方法生成、扩展和完善其关键字集合；第二步，广告主会进行关键字分析，以确定针对消费者投放哪些广告。

由于赞助搜索广告是效果营销渠道，因此广告主需要根据各种效果的衡量指标来选定关键字或广告系列。那些会产生很多点击但只获得很少转化的关键字（如大众化关键字）不建议被选用。广告主可以运用评估广告资料效率的方法，确定应该用于监视赞助搜索广告活动的重要效率指标，这样可以降低无利可图的关键字的出价，如有必要，可以暂停甚至删除这类关键字（Ayanso et al.，2013）。关键字广告将持续进行，因为用户的搜索习惯可能会发生变化，同时广告主会不断推出新产品。

从操作的角度来看，关键字生成在赞助搜索广告中可以定义为以下决策方案：给定输入（例如，一个或多个种子关键字），获取一组关键字，不仅要尽可能地与种子关键字相关联（相关性），而且要实现较低成本下的高搜索量或高点击率。

从实际操作的角度来看，关键字生成是广告主参与赞助搜索广告活动面临的一大挑战。第一，流行关键字虽然是热门词汇，搜索量高，但是会吸引大批广告主竞价，每个关键字的 CPC 极高，广告主的成本很难下降，性价比低。据研究表明，对于非流行、专业性或带有广告主名称的关键字的搜索量虽然比不上流行关键字，但点击率往往也很高（Rutz et al.，2011；Jerath et al.，2014；Klapdor et al.，2015），而且这类词汇的 CPC 相比于流行关键字而言低得多。据观察统计得知，关键字的搜索量呈现明显的长尾分布，这意味着大量的单个搜索量较低的关键字累计占总搜索量的比重较高。事实上，Google 搜索每天收到的查询关键字中大约 20% 在过去 90 天内从来没有人查询过 [①]，而且这些不常用关键字大多数是专业性词汇。研究显示，关键字的搜索量和 CPC 之间是存在明显关联的（Bartz et al.，2006）。毫无疑问，如果广告主能生成更多的不常用但专业性强的长尾关键字，就能实现在低成本下累积更高搜索量，这对广告主而言更加划算。第二，据估计，关键字的总数已经超过了 10 亿个，但实际其中只有很少的一部分能够被广告主们选择并使用（Bartz et al.，2006）。很多企业（尤其是一些行业巨头）愿意给赞助搜索广告投入巨额预算，但是所有现有的方法生成的关键字数量比较少（最多不超过几百个），这在实际工作中直接导致预算充足但无词可买的情况出现。第三，不是所有广告主都像行业巨头一样预算充沛，广告预算有限的中小企业对关键字生成也有需要，而且这类广告主往往希望能找到性价比更高的关键字，却缺乏足够的专业技术来构建和维护，因此这一类广告主对于不常用但专业性强的长尾关键字的需求更加强烈。第四，广告主们通常不具备足够的知识和时间来为自身的赞助搜索广告活动做出有效的决策（Yang et al.，2015），而广告主们又需要频繁地选择合适的关键字竞价，因为这很大程度上决定了其

---

① 资料来自谷歌官方网站：https：//support.google.com/adwords/answer/2497828？ hl=en。

他广告决策的有效性。第五，搜索用户也可能在无意中键入拼写错误的关键字、使用关键字的异形同义形式或同义词。换句话说，搜索用户这些不可预知的行为使得广告主们列出所有可能关键字的工作变得非常困难。在实践操作中往往广告主们选择的关键字和搜索用户使用的关键字之间存在鸿沟，而且每位用户查询的行为模式是存在明显区别的（Jansen et al.，2000），这使得提前预计用户的搜索意图成为一项难度很大的工作。以上这些原因使得现有关键字生成的相关工作并不能让广告主满意。

在基于关键字的广告领域中，关键字生成的现有方法无论是基于统计信息还是基于语义概念层次结构，都存在一定的局限性。第一类方法是通过挖掘先前查询的广告日志、元标记和提交的广告，利用关键字之间的共现关系；第二类方法是使用语义概念层次结构来扩展关键字。尽管这两种方法为关键字生成问题提供了一些解决方案，但是通过这些方法生成的关键字不仅数量少，而且大多数是成本高的流行关键字，不常用但专业性强的长尾关键字的生成数量非常少。需要注意的是这些方法中的一部分使用起来不仅需要专业技能，而且耗时耗力，并不能帮助无专业知识的广告主不耗费大量人力地、自动化大规模生成关键字。此外，几乎所有现行方法普遍存在生成词不够丰富的情况，即生成的关键字所属范围具有局限性，涵盖的面也不够广泛、难以扩展，这意味着与实际的用户搜索行为中可能使用的层出不穷、庞大的关键字相比，这些方法生成的关键字可能会存在着遗漏，这也迫使广告主寻求更优的方法来完成关键字的生成问题。如果广告主想要在更广阔的范围内生成关键字，现有的方法并不能满足这一点。

为了解决覆盖问题，近年来，如维基百科之类的百科全书权威词典已被用于促进关键字扩展（Amiri et al.，2008；Yazdani et al.，2013；Jadidinejad et al.，2014）。但是，这些研究只是将维基百科用作扁平化的关键字提取存储库，忽略了其丰富而坚实的层次结构框架（Shapira et al.，2015），这导致所生成的集合与种子关键字的相关性较低。为此，本章提供更好的方法来借助维基百科完成关键字生成工作。

在赞助搜索广告中，广告主为了提高广告效果，必须对与搜索用户的行为意图相关的关键字进行出价。用户的搜索意图由查询中的关键字表示，可以使用维基百科中与这些关键字相对应的条目页面来得出和解释用户的搜索意图。从维基百科中识别出关键字及其条目页面这一功能，对于特定细分市场的全面研究非常有用（Hu et al.，2009）。

　　因此，在关键字生成的研究中，本章利用了维基百科丰富的信息和链接结构为特定垂直市场的广告主生成关键字。首先，维基百科是独一无二的，互联网时代下诞生的维基百科是一个多语言的、基于 Web、提供免费信息的百科全书式词库，也为后续类似的网络百科全书提供了范本，如 2006 年上线的百度百科①，目前是全球最大的中文信息平台。维基百科的主要优势在于，它包含了大量非独立存在、互相之间关联的信息，这意味着它提供了关键字概念之间的系统性联系。它是用户生成的内容（UGC）的一个优秀范例，其中包含大量互相关联的详细信息和知识。维基百科中的每个条目页面都是围绕一个主要主题单独编写的，每个页面内容翔实，通常带有 12 000 多个单词，可以通过分词得到大量的关键字。维基百科每月有数以百万计的文章和数十亿次的文章浏览量，它可能是仍被忽视的最大的关键字研究来源之一。其次，维基百科也被认为是范围广、覆盖全的主题集合，是在线百科全书界的市场领导者。维基百科通过高质量来源生成链接和引用，将外部链接与如此丰富的各类主题相结合，就可以使页面的排名变得更加清晰。无论广告主是否喜欢，维基百科都可能不会直接参与竞争广告市场中的业务，而是会间接参与竞争排名和流量。最后，维基百科具有良好的内部链接结构，可将主题分布在整个维基百科网站上。主题是由概念和关键字之间的关联形成的，即密切相关的关键字能够强化文章的主题性。其中，标题中的关键字决定了页面的总体主题，而链接关系则界定了相关页面之间的主题联系。因此，维基百科可用于寻找与某个主题相关的术语和概念，从而获得关联的关键字。

5.2　基于维基百科的关键字生成模型

　　在维基百科种类繁多的页面类型中，本书通过深入考虑和仔细比较，选

---

① 　资料来自百度百科：https：//baike.baidu.com/。

择出合适的页面类型作为生成赞助搜索广告关键字的来源。针对维基百科的网页结构特点，本书提出一个以维基百科条目页面结构为基础的维基百科关键字生成模型。

5.2.1 维基百科页面类型选择

本书对维基百科的不同类型页面进行区分，并选择最合适的页面类型作为赞助搜索广告关键字的生成来源。页面是维基百科的基本单位，维基百科里包含许多类型的页面。下列一系列图展示了维基百科中的几种页面，如条目页面、当前事件页面、社区门户页面等。

维基百科中的文本资料浩如烟海，并非所有的内容都适合作为生成关键字的来源，为保证生成关键字的质量，需要谨慎选择合适的页面类型。合适的关键字生成来源应基于可靠资源就关键字主题进行系统概括，并表现该主题与其他相关主题的联系。维基百科的页面具有多样化的特点，如条目页面是对词条的解释；当前事件页面是以时间分类的近期新闻；社区门户页面是千百万维基百科用户在线沟通、交流和讨论的场所。

维基百科中符合关键字生成要求条件的一类页面是条目页面。条目页面是维基百科对某词条进行辞典式详解的内容展示的页面，是维基百科的知识精华，也是维基百科最主要的组成部分，最大程度地体现了维基百科的价值。维基百科之所以被公认为辞海式百科全书，条目页面起到了不可忽视的作用。维基百科中还存在其他类型的页面，如消除歧义页面、公众论坛、时事新闻页面等，但这些都不是合适的生成来源。

条目页面是不以前缀命名的、主要名字空间（main namespace）下的页面。从类别上来说，"条目"属于维基百科各类页面中的主要名字空间，因此也被称为文章空间，别称主空间。主要名字空间是维基百科的默认名字空间，区别于其他名字空间，此类页面的名称都不含前缀，如用户页"用户："、用户讨论页"用户讨论："等。条目页面由来自世界各地的维基百科编撰者合力共同完成，每个页面对应一个词条。本章选择条目页面作为生成关键字的主要来源。

维基百科的条目页面数量巨大，而且还在不断扩充，但是几乎所有条目页面都有着相同的页面结构，这有利于页面文本数据的结构化处理。页面主要由词条名称、消除歧义链接、词条简介（摘要）、目录、正文、信息盒，以及锚文体等信息组成。

①词条名称：也就是条目页面顶部的标题，可视为条目页面的主题关键字。

②消除歧义链接：位于标题和"From Wikipedia, the free encyclopedia"的下方，如果用户发现页面不是自己要查找的词条，可以点击此处链接。

③摘要：位于页面的词条名称下方，有小段文字对词条进行简单介绍，开头的部分称为摘要，是对主题关键字概念的定义和基本描述。

④目录：即正文内容的提纲，帮助读者索引或快速了解后续章节。

⑤正文：条目页面的主体部分，是对词条的详细介绍。

⑥信息盒：维基百科的特色结构，被其他百科全书式网站效仿。信息盒通常位于条目页面的右侧，是一种固定结构的信息卡片，常见形式是由图片和下方的文字信息共同构成，概括了条目页面主题的要点。

⑦锚文本：是超链接中可见的可单击文本，通过点击跳转到新的条目页面，通常为用户提供有关链接目标内容的相关描述性信息或上下文信息。

5.2.2　消除歧义与页面预处理

在维基百科关键字生成模型的第一步，我们将种子关键字逐一输入至维基百科的搜索栏，然后通过点击跳转到维基百科的条目页面，条目页面会给出该关键字的详细解释。但是，语言学中存在一词多义现象，这意味着在未进行明确限定的情况下，关键字的含义具有模糊性，具体表现为：一个关键字能够指向多个真实世界的实体含义，同时一个真实世界中的实体含义可以由多个关键字来进行表达或引用。例如，输入关键字"王晨"，会发现在维基百科中该关键字有 5 个实体指向，它既可以指代个人最高世界排名第 1 名、曾夺得多哈亚运会女子羽毛球单打金牌及七度当选"香港杰出运动员"、现已退役的香港著名羽毛球运动员、教练，也可以指代曾经参选 2009 亚洲小姐的平面模特、演员和车模，同时是深圳电视台体育健康频道的《体育播报》的体育记者，还有可能指向一位美国华裔桌球运动员；又如我们搜索"广州""羊城""五羊城""穗城"这些关键字的时候，它们都指向同一个真实世界的实体——中国广东省的省会。

但在赞助搜索广告中，用户搜索关键字是有着唯一具体指向的，赞助搜索广告中广告主给出的种子关键字也有着明确而唯一的含义。为了避免歧义对后续工作的干扰，消除歧义的工作不可省略。在这种情况下，就需要使用某种技术来确定关键字指向的具体实体，即消除歧义。令人高兴的是，维基百科在消除歧义上有着许多优势，这为我们的工作提供了诸多便利。维基百科中主要有两种消除歧义的途径：

①重定向页面。重定向页面提供了一个链接，点击链接能进入一个罗列主题词所有可能解释的页面，可以帮助解决缩写、简写、错拼、其他拼写、单复数、异形同义词等可能产生歧义的问题，而且如果出现新的同义词，就会有编撰者更新。举例来说，条目"UK"的重定向页面指向条目"United Kingdom"。如果能合理运用重定向页面，就能找到同一个关键字的多种拼写形式并将它们归并到一起。

②消除歧义链接。若主题词的同义替代词被广泛使用，则维基百科的搜索系统会直接进入消歧页面。用户也可以自行选择，直接进入消除歧义链接的方法为输入 http：//en.wikipedia.org/wiki/XXX_（disambiguation）。

消除歧义的工作完成后，需要选择合适的维基百科页面（条目页面）作为关键字生成来源。因为条目页面是对某个词条的介绍型页面，页面的文本是以自然语言的形式呈现的，其语法变化复杂，所以需要对条目页面中的文本信息进行预处理。提取原始页面文本后，对英文文本而言需进行词干提取（stemming）处理，主要工作包括：提取词干，即除去英文单词分词，变换形式的结尾；词形还原，即把非原形语言词汇还原为一般形式（能表达完整语义）；去除停用词，即删除出现频率太高但没有太大检索意义的词，如 a、an、the 等。由于语法结构的差异，不同语种的处理有所区别，如中文和英文文法的处理规则不一样，需要不同算法。这些工作完成后，页面文本将被处理成为若干词条的集合。

5.2.3　生成关键字

当我们完成了条目页面中文本信息的预处理后，接下来的工作重点在于从词条集合中筛选出满足条件的关键字集合。本书的方法是通过分析页面中关键字的位置和出现次数等信息来进行挑选。维基百科的条目页面有统一的结构，通过对条目页面主要组成部分的分析，能发现几乎所有条目页面都由标题顶头，而下面主要包括摘要、目录、主文本信息、信息盒四部分，重要的内容（与主题更相关的关键字）将会反复在这些部分出现；同时，锚文本指向的链接都会和页面本身的内容有一定的关系。因此，可以根据以下特征来建立关键字生成模型：

①是否出现在摘要；

②是否出现在目录中；

③是否出现在主文本信息中；

④是否出现在信息盒部分；

⑤是否为锚文本。

某一关键字是否会出现在条目页面，以及会出现在条目页面四部分中的哪一个部分，在没有特别明显的人工编辑干扰的情况下是一种随机情况。本章的研究认为，对于一个页面，重要的关键字在这些部分中出现的频率要高于不重要的关键字（Zhong et al.，2012）。而且，关键字以不同的频率出现在这些部分中，这些部分对于页面的重要性也各不相同，这意味着这些部分出现重要关键字的可能性也是各不相同的。根据这些假设前提，本章的方法是依据关键字权重来建立关键字生成模型。关键字的权重通过两个因素来衡量，即出现该关键字的部分的重要性及关键字出现的频率，见公式（5-1）。

$$KWW(k) = \alpha_1 TFIDF_s(k) + \alpha_2 TFIDF_s(k) + \alpha_3 TFIDF_s(k) + \alpha_4 TFIDF_s(k) +$$
$$\alpha_5 |AT(k)|。 \hspace{4cm} （5-1）$$

具体而言，关键字的权重由调和参数（α_j，$j=1$，$\cdots$，5）和 TFIDF 值 [$TFIDF(k)$] 来决定，其中调和参数反映出该部分在页面的重要性，TFIDE 值衡量了关键字在页面的这些组成部分中显示的重要性，也就是说 $TFIDF_s(k)$、$TFIDF_c(k)$、$TFIDF_d(k)$、$TFIDF_i(k)$ 分别是关键字在摘要、目录、主文本信息和信息盒中显

示重要性的 *TFIDF* 度量。$TFIDF = tf \times \lg\left(\dfrac{n}{\mathrm{d}f}\right)$ 是一个数字统计量，反映出通过信息检索得到的集合中关键字的出现频率，其中 *tf* 是四部分（摘要、目录、主文本信息和信息盒）中关键字的出现频率，*df* 是包含该关键字的部分的总数，*n* 是页面组成部分的总数。$|AT(k)|$ 是一个虚拟变量，指示关键字是否在锚文本中（如果是，值 = 1；否则，值 = 0）。此外，调和参数描述了在页面中每个部分的重要性权重，值最大的这一部分就是页面中最重要的部分。已有研究证明，从页面重要组成部分中提取的关键字可以确保其与这些网页主题的相关性（Agrawal et al., 2013）。

由关键字权重公式可知，关键字的权重由调和参数和 *TFIDF* 值共同决定的 5 个部分组成。确定关键字权重的依据，主要包括以下几点。

第一，通过对条目页面主要组成部分的分析会发现这类页面有着统一的结构，也就是说，所有条目页面的主要部分都是摘要、目录、主文本信息、信息盒，这也意味着该页面重要的文字信息主要就出现在这4个部分。同时，页面用户有兴趣进一步了解的文字信息可以通过用锚文本的指向链接提供更为详细的解释，由此可见锚文本可以代表页面中有关联的重要内容。因此，关键字权重公式由分别代表摘要、目录、主文本信息、信息盒和锚文本的 5 个部分组成。

第二，以上 5 个部分在条目页面中的重要性并不相同，因此引入调和参数来表示每个部分的重要性。但是，调和参数的具体取值并不是已知的，而且不同的标题关键字，其条目页面 5 个部分的重要性可能不一样。为了得到调和参数的具体取值，基于如下前提进行：对于条目页面，重要的内容应该更多地出现在重要的部分。整个条目页面是对标题的详细解释，因此以标题作为关键字是该条目页面的最重要内容，标题关键字应该更多地出现在重要的部分，由此反推出标题关键字出现频率较多的部分是重要的部分。通过对相似类型的标题关键字在各自条目页面的 5 个部分出现频率的样本进行实验，能得到 5 个部分调和参数的具体取值，这也反映了 5 个部分各自的重要性。本书的 5.2.4 将详细解释实验的整个设计过程。

第三，条目页面的这些部分中出现文本信息的频率是不同的，根据统计规律，剔除掉停用词之后，出现频率更高的文本信息通常在该页面的重要性更高。这意味着通过统计出现频率更高的文本能筛选出更重要的关键字。因此，关键字权重公式中运用 *TFIDF* 值来计算文本信息的出现频率，以此作为确定关键字权重的另一个考虑因素。

第四，从关键字权重公式中可以看出，如果一个文本在条目页面的重要部分频繁出现，那么根据公式计算出的分数会更高，这意味着这些文本有更高权重成为本书方法生成的关键字。在这样的情况下，本书提出的关键字权重公式能更合理地筛选出关键字。

5.2.4　贝叶斯参数估计

公式（5-1）中，在 *TFIDF* 值可通过统计和计算确定的情况下，调和参数的值是未知的。对于回归模型，常用的参数估计方法是极大似然估计，这种估计解法简单、容易实现，但对统计量的分布有要求，在数据量有限的情况下误差较大。鉴于以上情况，考虑到常用的参数估计方法并不适用于本书的情况，本书提出了一种贝叶斯参数估计方法，这种方法通过历史资料和经验总结出先验信息，可以使统计推断更为精确。经典估计在抽样调查中，样本容量越大，样本统计量的方差越小，这使得有效性的标准在某种程度上失效。相较于经典估计的频率主义，贝叶斯估计坚持主观主义的概率解释，它的估计必须依赖于先验概率的分布，而先验分布是实验者对于在进行实验之前得到的资料的主观意见，在一定程度上解决了经典估计不能应用于不可重复独立事件的概率问题。

从操作方面来说，可以在关键字的样本语料库上估计每个部分的重要性概率。利用维基百科的链接结构，可以构造页面的样本语料库。样本语料库包含以种子关键字为标题的条目页面，以及与该页面具有链接路径的页面，将从语料库中随机选择一组页面作为估计样本。根据一般推断，页面的主题词（标题关键字）应该在页面的重要部分出现。因此，为了确定页面中每个部分的重要性，可以通过该页面的主题词在每个部分出现的频率统计来反向推算各部分的重要性。

贝叶斯模型参数估计通常要求模型满足以下几个基本条件（Zyphur et

al., 2015）：

①随机模型包含单个未知参数。

②未知参数的先验信息是齐次的（指一组由相似成分构成的信息），而且是确定的。

③观察到的数据是齐次的，而且是确定的。

齐次总体意味着每个个体是相同类型的，当一个页面的几个部分均符合这种一致性时，可以说这些部分构成了一个齐次总体。对各部分重要性概率进行贝叶斯参数估计的过程如下：对于每个样本页面，需要确定其标题关键字在每个部分中的出现次数。对于每个部分，我们将 x_j 记录为标题关键字未出现在其中的总次数，可以假设它符合泊松分布（Aytaç et al., 2015）。这是因为泊松分布常用于描述单位时间（或空间）内随机事件发生的次数，如某系统工作单元一定时间段的故障次数、某一设备在一定时间内使用的人数、机器出现的故障数等。以下为泊松分布假设基本条件：

①在较短时间范围内同时发生两个事件的概率近似等于 0。

②在一个小的时间段内，事件发生的概率与时间段长度成比例。

③一个时间段范围内发生的事件不影响另一个不重叠时间段范围内发生的事件的概率。

泊松分布的参数 λ 是单位时间（或单位面积）内随机事件的平均发生次数，通过观察得到的数据是一定时间内发生的事件数量，如图 5-1 所示（在文本中是指标题关键字未出现在某一部分的总次数 x_j）。

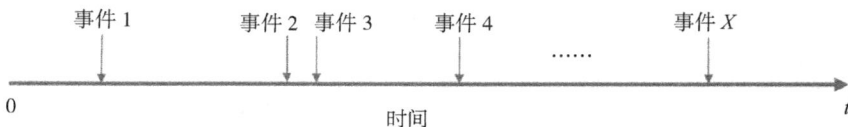

图 5-1 符合泊松分布的事件在时间轴的表现

设定 θ_j 作为服从 Beta 分布的随机变量（Zhu et al., 2015），即 $\theta_j \sim B(\alpha_j', \beta_j')$，$\theta_j = 1 - \alpha_j$。在此过程中，我们根据样本数据 x_j 估算 θ_j 及其参数（α_j', β_j'）。

假设 θ'_j、α'_j 和 β'_j 在给定 x_j 的条件概率分布中是独立的，这里采用朴素贝叶斯模型从后验联合分布 $p(\theta_j,\ \alpha'_j,\ \beta'_j|x_j)$，得到 θ_j 及其参数 α'_j 和 β'_j，它是给定样本数据的 x_j 的 3 个随机变量（$\theta_j,\ \alpha'_j,\ \beta'_j$）的联合分布。根据贝叶斯定理，可以通过公式（5-2）获得 $p(\theta_j,\ \alpha'_j,\ \beta'_j|x_j)$。

$$
\begin{aligned}
p(\theta_j,\ \alpha'_j,\ \beta'_j|x_j) &= \frac{p(x_j|\theta_j,\ \alpha'_j,\ \beta'_j)p(\theta_j,\ \alpha'_j,\ \beta'_j)}{p(x_j)} \\
&= \frac{p(x_j|\theta_j,\ \alpha'_j,\ \beta'_j)p(\theta_j|\alpha'_j,\ \beta'_j)p(\alpha'_j,\ \beta'_j)}{p(x_j)} \\
&\propto p(x_j|\theta_j,\ \alpha'_j,\ \beta'_j)p(\theta_j|\alpha'_j,\ \beta'_j)p(\alpha'_j)p(\beta'_j)。
\end{aligned}
\tag{5-2}
$$

其中，$p(x_j|\theta_j,\ \alpha'_j,\ \beta'_j)$ 是给定 θ_j、α'_j 和 β'_j 的先验后的 x_j 的概率；条件先验 $p(\theta_j|\alpha'_j,\ \beta'_j)$ 是给定 α'_j 和 β'_j 的先验后的 θ_j 的先验，即当确定 α'_j 和 β'_j 时可以确定 $\theta_j \sim B\ (\alpha'_j,\ \beta'_j)$；$p(\alpha'_j)$ 和 $p(\beta'_j)$ 分别是 α'_j 和 β'_j 的先验概率。

基于公式（5-2），可以通过包含以下阶段的层次模型来估计后验联合概率分布 $p(\theta_j,\ \alpha'_j,\ \beta'_j|x_j)$。

第一阶段是确定 α'_j 和 β'_j。考虑到 α'_j 和 β'_j 是 θ_j 的 Beta 分布的参数，我们将 Gamma 分布作为其超先验 [$\alpha'_j \sim \Gamma\ (\delta,\ \tau)$，$\beta'_j \sim \Gamma\ (\delta,\ \tau)$]（Sarkis et al.，2015）。由于缺乏先验信息，在本研究中，将 α'_j 和 β'_j 的超参数（$\delta,\ \tau$）设为常数，即 $\delta = 15$ 和 $\tau = 20$。

第二阶段是确定条件先验 $p(\theta_j|\alpha'_j,\ \beta'_j)$。在第一阶段完成且 α'_j 和 β'_j 的先验已经确定的情况下，运用马尔可夫链蒙特卡罗（MCMC）模拟来得到 $p(\theta_j|\alpha'_j,\ \beta'_j)$。MCMC 方法是基于近似分布中的 θ_j 的绘制值（drawing value），然后校正这些绘制以更好地近似 θ_j 的分布。绘制是依照顺序进行，然后所有的绘制形成马尔可夫链，即一系列随机变量 θ_j^1，θ_j^2，$\cdots$，θ_j^t。对于任何 t，给定所有先前的 θ_j 的 θ_j^t 的分布仅取决于最新值 θ_j^{t-1}。MCMC 方法可以通过模拟的每个步骤一步步逼近近似分布。因此，只要重复的次数足够多，它就将逐步收敛到近似 θ_j 的实际分布。

第三阶段是确定 $p(x_j|\theta_j,\ I)$。I 是估计样本中标题关键字的数量。根据层次模型示意图（图 5-2）中的层次关系，x_j 通过 θ_j 取决于 α'_j 和 β'_j，因此 $p(x_j|\theta_j,$

α'_j, β'_j) 将 θ_j、α'_j 和 β'_j 作为它的先验。前文中已经设定 $x_j \sim \text{Poison}(\mu_j)$，其中参数 μ_j 是标题关键字未出现的平均次数，可以通过 $\mu_j = \theta_j \times I$ 获得。与第二阶段相同，我们可以通过 MCMC 方法模拟得到 $p(x_j|\theta_j, \alpha'_j, \beta'_j)$。这一部分实验估计的过程和结果详见 5.3.1。

使用公式（5-1）来计算从语料库中的页面中提取的每个关键字的权重。最后，可以通过根据关键字的权重对关键字排名来生成一组关键字。

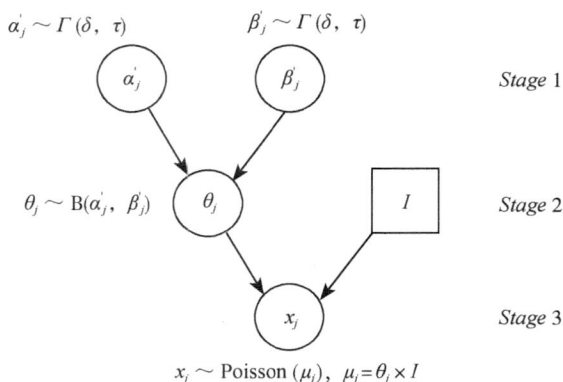

图 5-2 贝叶斯层次模型示意

5.3 实验及结果分析

5.3.1 贝叶斯参数估计

5.2.4 详细介绍了关键字加权公式中对参数进行贝叶斯估计的过程。实验的开始，需要从词条条目语料库中随机抽取一部分页面作为样本集，用以贝叶斯的数据估计，通过贝叶斯参数估计来确定公式中的参数。表 5-1 显示了样本集中的具体数据。从语料库中随机选择了一组词条条目，以验证该关键字是否出现在相应条目页面的 5 个部分中。

表 5-1　样本集数据

单位：个

种子关键字	样本集的页面数量	每一部分中未出现标题关键字的统计数				
		x_1	x_2	x_3	x_4	x_5
skin	38	0	29	4	13	2
teeth	34	1	25	6	12	12
massage	32	3	22	3	17	0
medical	40	0	30	9	23	2

值得注意的是，实验分别从维基百科中为每个种子关键字计算了样本数据的值，这更能反映不同的广告市场的要求。这一部分使用 WinBUGS，每个进程运行 50 000 次迭代获取的参数估计的值。

表 5-2 中显示了参数估计的结果汇总，包括后验估计值（平均值），标准偏差（standard deviation，SD）和蒙特卡洛（Monte Carlo，MC）误差。SD 说明的是观察值围绕均数分布的离散程度，衡量的是样本值对样本平均值的离散程度，反应个体间变异的大小，是量度数据精密度的指标。MC 误差是蒙特卡罗抽样产生的误差，主要来自样本抽样不合理带来的误差，如抽样的样本数不能反映总体的特征。从表 5-2 中可以看出，过程在 MC 误差 < 1% 时 SD 收敛，因此结果的平均值近似于实际值。从平均值中，对于种子关键字 skin、teeth 和 medical，可以看到第 1 部分（摘要部分）的失败概率最小。这意味着相关性高的关键字更有可能出现在该部分中，因此摘要部分是这 3 个种子关键字的条目页面中最重要的部分。而对于种子关键字 massage，它显示了另一种情况，其中第 5 部分（锚文本）是最重要的部分。至于第二重要的部分，对于种子关键字 seed 和 medical，第 5 部分的重要性排名第二；而对于种子关键字 teeth 是第 3 部分（主文本信息）第二重要，对于种子关键字 massage 则是第 1 部分（摘要部分）。至于最不重要的部分，这是最没有争议的，4 个种子关键字都是第 2 部分（目录）最不重要。图 5-3 显示了参数估计结果的后验密度，其中横轴表示值范围，纵轴表示概率密度。

表 5-2　参数估计的结果

种子关键字	α_j	θ_j	平均值	SD	MC 误差	sample
skin	0.975 27	θ_1	0.024 73	0.024 69	9.45E-05	50 000
	0.2536	θ_2	0.7464	0.1374	6.41E-04	50 000
	0.8757	θ_3	0.1243	0.0558	2.59E-04	50 000
	0.6521	θ_4	0.3479	0.093 22	4.26E-04	50 000
	0.925 56	θ_5	0.074 44	0.042 97	1.88E-04	50 000
teeth	0.9443	θ_1	0.0557	0.039 33	1.85E-04	50 000
	0.275	θ_2	0.725	0.1443	6.46E-04	50 000
	0.8051	θ_3	0.1949	0.073 52	3.46E-04	50 000
	0.6379	θ_4	0.3621	0.1007	4.29E-04	50 000
	0.6381	θ_5	0.3619	0.1013	4.57E-04	50 000
massage	0.8827	θ_1	0.1173	0.058 89	2.55E-04	50 000
	0.3248	θ_2	0.6752	0.1423	6.73E-04	50 000
	0.8826	θ_3	0.1174	0.058 92	2.49E-04	50 000
	0.4713	θ_4	0.5287	0.1258	5.59E-04	50 000
	0.9707	θ_5	0.0293	0.029 44	1.32E-04	50 000
medical	0.976 29	θ_1	0.023 71	0.023 81	1.01E-04	50 000
	0.2615	θ_2	0.7385	0.133	6.08E-04	50 000
	0.7609	θ_3	0.2391	0.0756	3.42E-04	50 000
	0.4271	θ_4	0.5729	0.1174	5.08E-04	50 000
	0.928 49	θ_5	0.071 51	0.041 42	1.88E-04	50 000

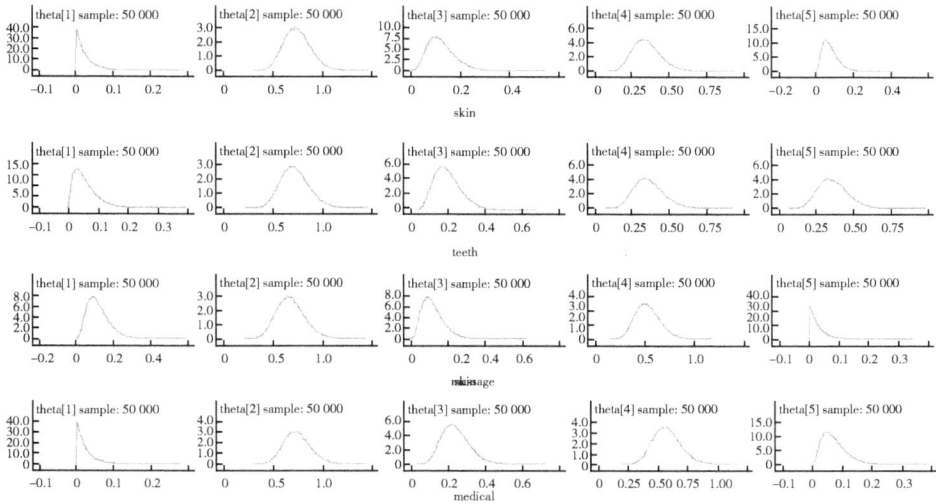

图 5-3　参数估计结果的后验密度

（注：横轴表示值范围，纵轴表示概率密度）

5.3.2　实验及结果分析

实验部分将分别从相关性、专业性和性价比 3 个方面来评估效果，采用 3 个不同领域产品的种子关键字，将本章方法（简称 WIKI）与 Google 的 Adwords's Keyword Planner（简称 Adwords's KP）、共现关系法（Co-occurrence，CO）和语义关系法（Semantics，SE）进行比较实验以评估性能。其中，Adwords's KP 直接分别输入 3 个种子关键字得到结果，CO 是通过计算关键字与种子关键字的共现概率（两个关键字同时被用户搜索的概率）并选取共现概率高的关键字作为结果，SE 通过建立语义概念层次模型并选取概念接近的关键字作为结果。表 5-3 显示了 4 种方法生成关键字的数量。

（1）相关性的实验结果

实验以生成的关键字和种子关键字之间的语义联系来评估结果的相关性。4 种方法的结果分别选取前 20 个关键字以随机顺序展示给评估者，然后让评估者对每个关键字与种子关键字之间的关联度在语义差异量表中打分。实验从评估表中获得每个关键字的相关性向量，并计算其相关性得分。

表 5-3   4 种方法生成关键字的数量

单位：个

种子关键字	耐克	英语培训	小说
WIKI	549	366	812
Adwords's KP	94	52	71
CO	216	125	87
SE	68	48	94

图 5-4、图 5-5、图 5-6 分别展示了 3 个种子关键字的累积相关性得分。通过比较 WIKI 生成的前 20 个关键字和其他 3 个基准方法，可以发现本章的关键字生成方法在相关性得分方面是表现最佳的，其次是 SE，CO 表现最弱。对于种子关键字"耐克"和"英语培训"，尽管在 WIKI 结果中部分排名较后的关键字的相关性表现稍逊于 SE，但对于种子关键字"小说"，WIKI 结果中仅有少数排名靠后的关键字相关性表现不及 Adwords's KP 和 SE。然而，从图表中可以明显观察到，WIKI 方法在所有关键字上的累积相关性表现显著优于其他 3 种方法。实验结果可以说明本书的关键字生成方法在相关性表现上是具有优势的。

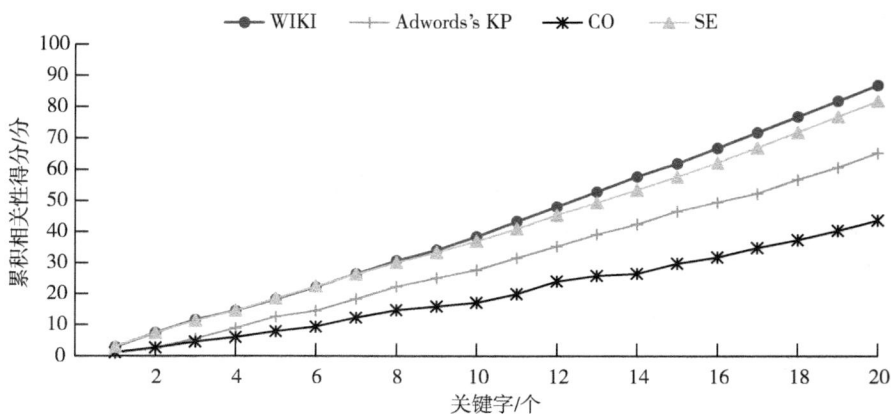

图 5-4   种子关键字"耐克"的 4 种方法累积相关性得分

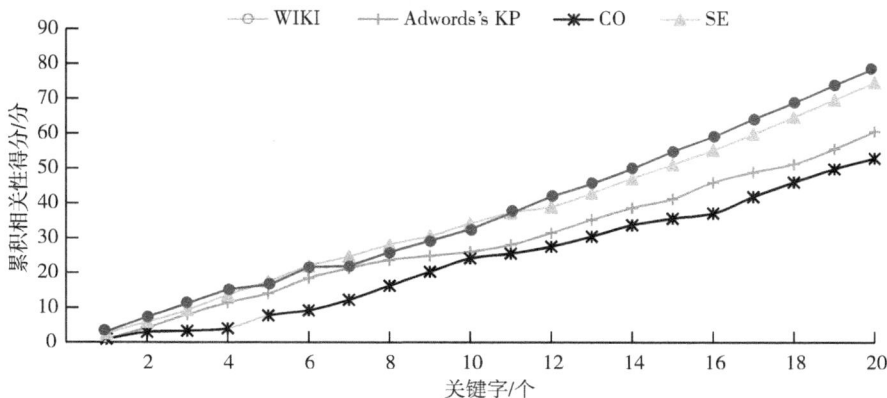

图 5-5　种子关键字"英语培训"的 4 种方法累积相关性得分

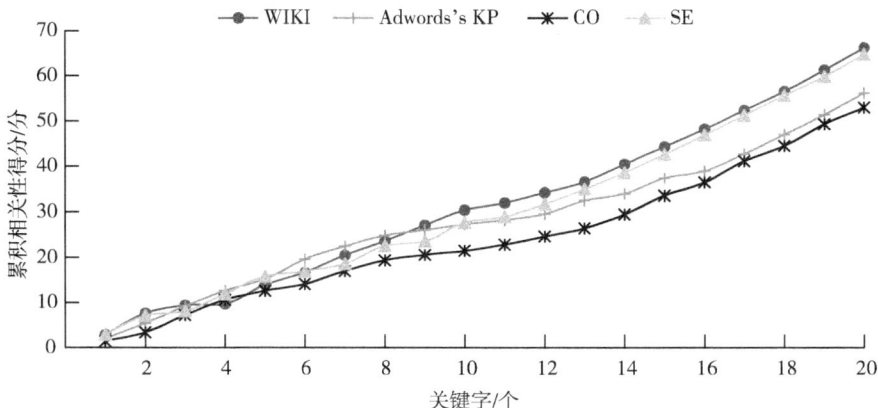

图 5-6　种子关键字"小说"的 4 种方法累积相关性得分

（2）专业性的实验结果

本节实验以专业词汇在生成关键字中的占比来评估 4 种方法的专业性指标。考虑到中文关键字的专业词汇没有识别标注工具，本节实验通过人工评估来标记生成关键字结果中的专业词汇。图 5-7 显示了 4 种方法生成的集合中专业性关键字所占的百分比。从图中可以直观地看到，对于 3 个种子关键字，WIKI 的结果在 4 种方法中表现最佳，其次是 SE，再次是 Adwords's KP，CO 表现最弱。实验结果显示了 WIKI 生成关键字的结果中专业词汇更多，能够满足广告主对于关键字的专业性需求。SE 是通过语义关系生成关键字，能得到少数专业性词汇。CO 得到的专业性词汇较少，说明共现关系统计的大多数是常用词汇，这种方法难以满足广告主对于关键字的专业性需求。

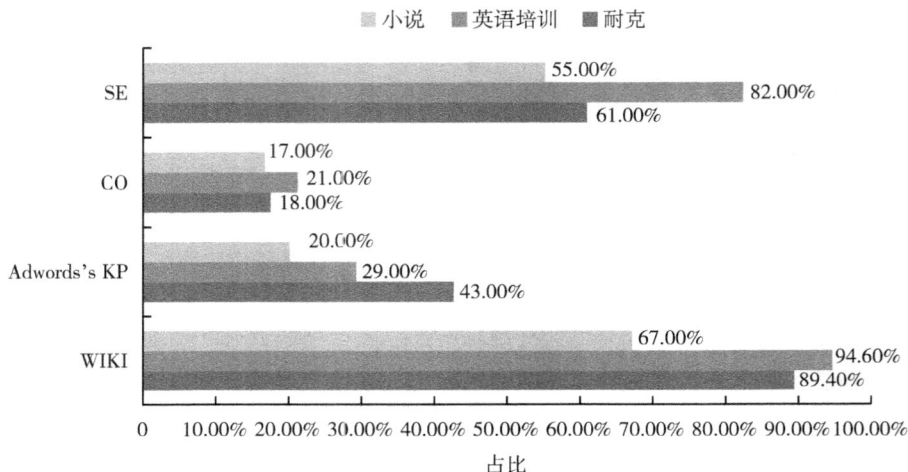

图 5-7　4 种方法生成的集合中专业性关键字占比

（3）性价比的实验结果

高性价比关键字是指 CTR 高而每点击成本（CPC）低的关键字。本节实验以 CTR 与 CPC 的比值来评估 4 种方法结果的性价比指标。图 5-8、图 5-9、图 5-10 分别展示了 3 个种子关键字的累积性价比得分。对于 3 个种子关键字，通过比较 WIKI 生成的关键字和其他 3 个方法生成的关键字，可以发现 WIKI 在性价比指标方面表现最优。由此可见，本书关键字生成方法能实现较低成本下的高点击率，这对广告主而言能提供更高性价比的关键字生成结果。

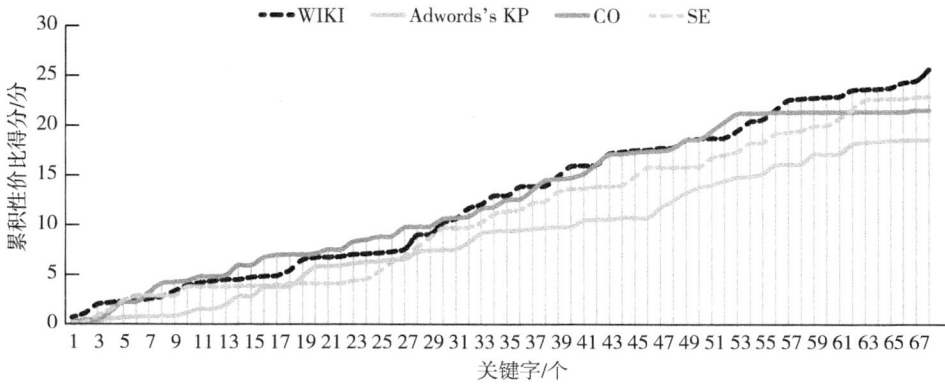

图 5-8　种子关键字"耐克"的 4 种方法累积性价比得分

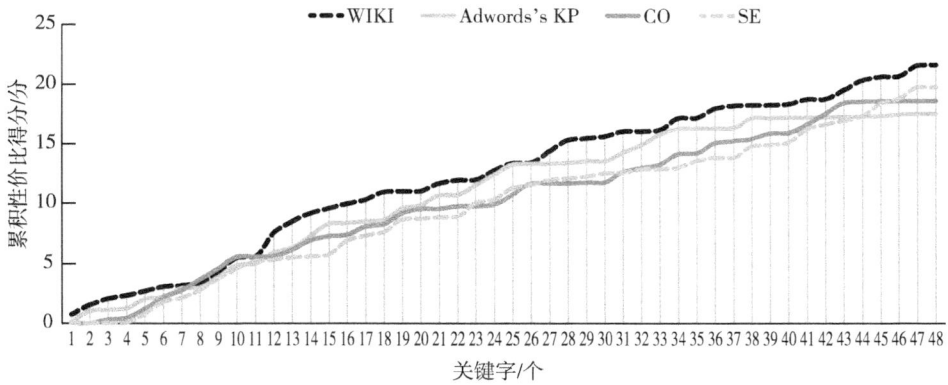

图 5-9　种子关键字"英语培训"的 4 种方法累积性价比得分

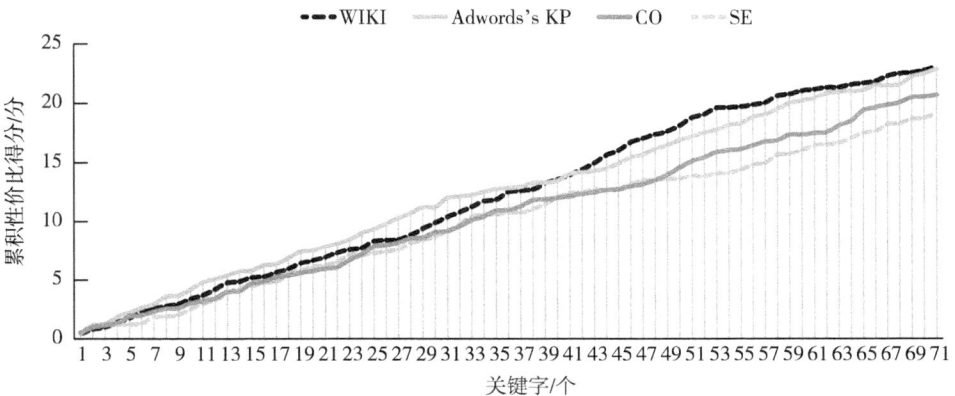

图 5-10　种子关键字"小说"的 4 种方法累积性价比得分

本章实验将基于层次贝叶斯的关键字生成方法与 3 种基准方法的结果进行比较。其中，Adwords's KP 是赞助搜索广告巨头推出的著名关键字生成系统工具代表；CO 代表的通过共现关系得到关键字是现有方法中最早出现，也是常用的代表方法之一；SE 代表的通过语义关系得到关键字是在共现关系之后出现的具有代表性的方法，因此基准方法的选择能具有广泛代表性。采用 3 个分别代表服饰、教育、文学三大不同领域产品的种子关键字进行比较实验以评估性能，是为了避免单一领域或相似领域造成的偏差。实验的目的是证明本书的方法能生成相关性强、性价比高、不常用但专业性强的关键字，因此实验的设计分别从相关性、专业性和性价比 3 个方面来评估本书方法的效果，最终的实验结果也证明了本书提出的策略能反映全局最优效果。

5.4 本章小节

本章提出了一个基于维基百科的关键字生成方法：首先选择维基百科中最合适的页面类型——条目页面作为生成关键字的来源；然后详细分析条目页面的页面结构，运用页面文本处理技术对页面进行处理，构建关键字生成模型，并运用贝叶斯进行模型参数估计；最后生成关键字，广告主只需提供少数几个种子关键字即可生成关键字。

与现有的方法相比，本章的方法能生成高相关性、强专业性的关键字。具体而言，本章的方法生成的关键字在相关性、专业性、性价比这三大指标上能表现出优势。这意味着，本章的关键字生成方法能在确保生成关键字的相关性的基础上，帮助广告主实现较低成本下的高点击率。这些优势表明了本章的关键字生成方法相比现有方法的进步，因为运用本章的方法，广告主能够降低搜索广告成本的同时获得满意的广告表现。

关键字生成的现有方法主要有基于统计信息和基于概念层次结构的方法，但是通过这些方法生成的关键字不仅数量少，而且生成的大多数是性价比低的流行关键字。此外，这些方法有些使用起来耗时耗力且生成的词不够丰富。本章提供了更优的方法来完成关键字的生成问题。

广告主在计划和实施新的赞助搜索广告活动时会面临若干复杂的决策，

如如何找到足量的合适关键字、登录网页的设计，以及出价策略的制定等。广告主如何获取合适的关键字参与竞价是一项富有挑战的工作。在实际的工作中，关键字生成工作是关键字决策问题的起点，关键字扩展、定位、选择、组合，以及动态调整等决策问题都是在生成工作的基础上开展的，这意味着关键字生成的质量影响着搜索竞价的整个生命周期。如果广告主从未参与过关键字竞价广告，那么实际上广告主并没有现成的候选关键字集合以供挑选合适的竞价关键字。因此，在赞助搜索广告初期，广告主首先需要针对主推的商品的产品特征和业务确定种子关键字，然后在种子关键字的基础上，运用各种方法和技术来生成关键字。在相关的研究中，集中在关键字的生成上的注意力相对较少，研究中提出的关键字生成方法通常以种子关键字为核心，分别进行概念层次扩展和共现关系扩展。这些方法都为广告主的关键字生成问题提供了解决方案，但是结果并不能完全令广告主们满意，原因是这些方法生成的关键字大多是流行关键字，性价比不高。此外，生成的关键字数量较少，生成的关键字很难脱离种子关键字的约束，同时生成关键字所涵盖的面也不够广泛，这意味着与实际的用户搜索行为中可能使用的层出不穷的庞大关键字相比，这些方法生成的关键字存在遗漏，这也迫使广告主寻求更优的方法来完成关键字的生成问题。

　　本章方法的模型运用了层次贝叶斯进行参数估计，与经典估计的最大区别在于其通过历史资料和经验总结出先验信息，可以使统计推断更为精确。

第6章
平衡覆盖性和相关性的
赞助搜索广告关键字扩展

6.1 关键字扩展在赞助搜索广告中的作用

在第5章的生成关键字工作完成之后，广告主能得到一批关键字，但与预期中能代表特定产品领域并长期维护的候选关键字集群这一要求相比，这批关键字数量有限，并不能实现尽可能地广泛涵盖该特点领域的互联网搜索词。本章利用维基百科中页面之间丰富的联系来选取关联度较高的页面作为来源对生成关键字进行扩展，最终得到能代表特定产品领域的、范围广泛同时与种子关键字具有密切关联的候选关键字集群。本章提出的关键字扩展方法以种子关键字的条目页面为起始节点向外扩充，借助 categories 的链接关系构建有限网页链接图，运用 MSA 算法来确定链接图的边界，然后通过关键字生成模型得到某一特定领域的候选关键字的集群。该集群兼顾了覆盖性和相关性，代表了该产品领域的整个潜在市场，能为广告主进行后续赞助搜索广告操作提供基本依据。本章首先结合关键字生成和扩展的结果进行了实验和分析，介绍了数据的来源和数据的处理方法；其次，选择了3种具有代表性的方法结果进行对比并介绍了实验结果的评估方法和评估标准；最后，针对不同场景进行实验，讨论实验结果，详细比较了本方法与其他基准方法的结果。

广告主通常在赞助搜索广告竞价中为特定的关键字出价，在此过程中需要做出一系列复杂且很大程度上会影响赞助搜索广告活动获利能力的决定。广告主需要长期维护代表特定产品领域的候选关键字集群，在候选关键字集群中选择并确定要为其出价的相关关键字。候选关键字集群中具体关键字的指标表现将影响赞助搜索广告活动的最终效果。

该领域的相关研究中，不同类型关键字对广告主的赞助搜索广告效果的影响相对较多（Jerath et al.，2014；Lu et al.，2014；Im et al.，2016）。尽管研究人员和从业人员提供了证据，已经证明哪种类型的关键字更有收益，广告主只需要尽可能广泛地获取不同类型的高收益关键字，但如何方便快捷地得到一个同时满足覆盖性广泛和相关性高这两大要求的候选关键字集群，仍然是广告主面临的主要挑战之一。具体而言，这个候选关键字集群中的关键字最好不是热门流行关键字，应该覆盖更广的领域范围，应该以某种方式与所宣传的产品领域相关，并且确实与消费者的实际查询词匹配，同时消费者应在登录页面单击广告链接并最终进行购买。这就对生成关键字的扩展提出了较高要求。

近年来，关于关键字生成和扩展的研究提出了自动或半自动扩展现有关键字集的方法。所有这些方法都需要初始关键字集，因此不适合完全自动生成和扩展赞助搜索广告关键字。但是，手动生成几千甚至上万的关键字的典型广告系列非常耗时，毫无疑问这会是广大广告主进行赞助搜索广告的一大难点。当前的关键字生成与扩展问题的相关研究中提出的方法主要分为两类：均以种子关键字为核心，分别基于统计信息的扩展和基于概念层次结构的扩展。尽管这两种方法为关键字生成问题提供了一些解决方案，但是通过这些方法生成的关键字不仅数量少，而且难以脱离种子关键字的主导地位，即生成的关键字涵盖领域的信息和知识较窄。而且，这些方法很耗时，并且需要广告主的专业技术。因此，这两类方法虽然都为广告主的关键字生成问题提供了解决方案，但是结果并不能完全令广告主们满意。

造成现有的关键字生成和扩展方法不尽如人意问题的原因之一是这些方法没有一个词汇工具来帮助扩展关键字的候选范围，使得关键字的生成工作始终局限在较小范围内。为弥补传统方法生成和扩展关键字的涵盖面不足问题，需要一个百科全书式的权威词库来进行合理有效的扩充，因此近年有一些研究工作尝试运用维基百科作为这种词库来完成类似工作（Amiri et al.，2008；Zhang et al.，2012；Jadidinejad et al.，2014）。维基百科是不断演化的，其网络链接结构也随着时间不断变化。但现有研究的最大局限在于它们只是把维基百科当成一种平面化的词条仓库来进行关键字提取，忽略了维基百科丰富而复杂的立体层次结构，更没有系统深入地分析维基百科中通过链接而形成的结构关系，这意味着这些研究工作并没有能充分运用维基百科的优势，要么所生成的集合覆盖面不够广泛，要么与种子关键字的相关性较低，这显然也会影响生成和扩展关键字的结果。

本章以此为基础进行了进一步的研究：运用维基百科的链接层次结构和页面内容提出了一种新的关键字扩展方法。本章的方法利用维基百科中页面之间的联系选取关联度较高的页面作为来源对关键字进行扩展，最终生成丰富的候选关键字集合。本章的研究非常系统深入地分析了维基百科的网页链接结构，成功以种子关键字的条目页面为起始节点，深入分析 categories 的链接关系构建有限网页链接图，运用 MSA 算法来确定链接图的终止阈值。实验结果表明这章的方法可以在较高的质量标准下显著扩展生成关键字的广度和深度，也能保证生成的关键字与种子关键字的关联性。

本章方法具有大多现有方法很难达到的优势，即跳出种子关键字的概念框架，给出领域不同，但又存在隐形关联的关键字，这是传统方法不容易实现的，这也极大地扩展了生成关键字集合的覆盖面。

6.2 平衡覆盖性和相关性的关键字扩展模型

第 5 章得到的候选关键字都是和种子关键字有较强直接关联的，但若关键字生成工作就此停止，则得到的结果在数量和范围上都很难令人满意。因此，本章的工作是如何对前面工作生成的候选关键字进行扩充。

6.2.1 维基百科的链接关系

维基百科是互联网时代的一项杰出成就，目前为止，历史上从来没有存在过比它更大或更精细的人类知识索引集。维基百科共包含 283 种语言在内的 3700 万篇文章（Ibrahim et al.，2017），涵盖的内容跨度极广，堪称百科全书式的信息库。根据相关统计，维基百科是世界上访问量排名第六的网站，仅 2020 年 1—10 月，网页累计浏览量就超过了 750 亿次[①]（图 6-1）。维基百科成为许多研究的对象。研究人员关注编辑人员之间的文化动态、所涵盖的主题等（Samoilenko et al.，2016）。维基百科的内容也被证明是一种强大的

[①]　资料来自对维基百科的统计：https：//pageviews.toolforge.org/。

网站累积浏览次数分析

跨多个项目或单一设备的总浏览次数比对

项目 可输入 10 个项目

× en.wikipedia.org

☰ 图表类型 ⚙ 静态连结 ⬇ 下载 ▾

□ 显示值 □ 从 0 开始 □ 对数尺度 × 消除

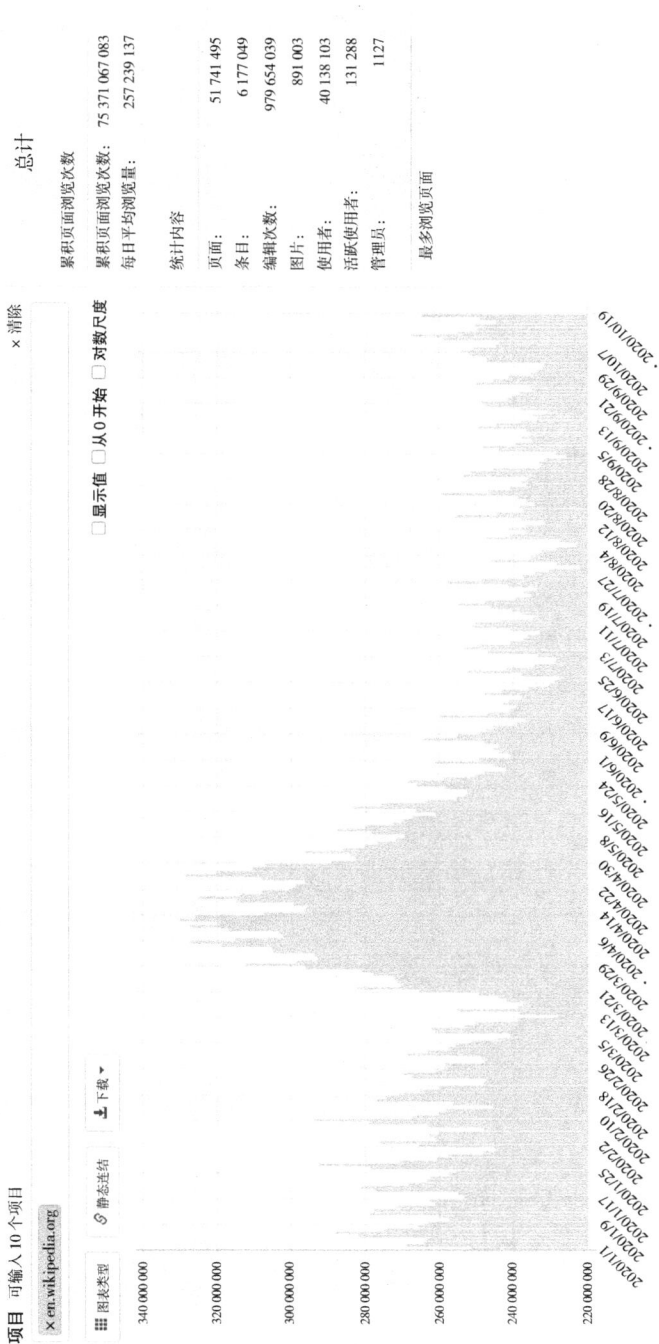

统计内容	总计
累积页面浏览次数：	75 371 067 083
累积页面浏览次数：	257 239 137
每日平均浏览流量：	
页面：	51 741 495
条目：	6 177 049
编辑次数：	979 654 039
图片：	891 003
使用者：	40 138 103
活跃使用者：	131 288
管理员：	1127
最多浏览页面	

图 6-1 维基百科浏览次数分析图（2020 年 1—10 月）

工具，研究人员已使用维基百科来群集短文本，计算语义相关性和歧义性（Banerjee et al.，2007；Gabrilovich et al.，2007；Cucerzan，2007）。

尽管许多研究都对维基百科的内容进行了剖析并取得了丰硕的成果，但本章重点关注维基百科页面之间的联系。从一个维基百科页面到另一个维基百科页面的超链接表示这两个页面之间的关系（Kamps et al.，2009）。超链接反映了有关页面内容的信息，这在很多技术上已有成功的应用，如搜索引擎算法（PageRank 和主题分类）。本章研究将超链接视为两个主题的连接，如"Apple Inc."页面的编辑者们共同选择了"multinational technology company""consumer electronics""Big Four tech companies" 等作为描述"Apple Inc."的相关页面，这能反映编辑群体的共同意见，说明编辑者们认为通过超链接连接的这些页面所包含的内容在逻辑上存在关联性。

维基百科是最大的网络协作示例，每天全球有成千上万的人访问和编辑。维基百科最可见的部分（如条目页面）一方面展示了百科全书式的知识、信息和科学；另一方面是各成员之间进行协调、讨论和个人交流的平台，能反映出参与编辑的用户之间的思想交流和联系。近年来，维基百科在页面、编辑和活跃用户数量等方面的增长速度虽然有所放缓，但是页面的各类互动活动和联系都保持了较高的增长速度（Suh et al.，2009）。运用传统的语义词典来构建语料库，尤其是构建面向广大特定消费群体的赞助搜索广告关键字来源的语料库非常耗时且费力，而挖掘维基百科可以帮助广告主较好地完成这一工作。例如，谁能说出"苹果手机""超级碗""1234"（加拿大流行歌手莱斯利·费斯特的歌曲）这 3 个关键字之间的联系？维基百科能给出肯定的答案，并揭示出它们之间的渊源。

维基百科中的分类是一种反映灵活关系的概念层次关系集合，分类中的词条之间可能存在上下继承、包含与整体、隶属与管辖或属性值等语义关系，通常出现在条目页面底部。每一个条目页面的主题词都能通过分类映射到层次关系中，通过超链接的方式联系处于同一层次关系中的多个词条页面，可以用于构建网络型关键字扩展资源语料库。点击条目页面底部分类的超链接，能进入该条目页面主题词的分类页面，这里展示了与主题词存在某种关联的词条列表。该词条列表中呈现的所有词条都包含超链接，可以直接跳转到每个词条的条目页面。

作为有史以来规模最大、索引最详尽的人类知识集合，维基百科的分类页面中大量的超链接反映了一类较强联系的关系集合，从中提取这些超链接可以获取关系网络。维基百科不仅是有关某个主题的信息，还是一个自然形成的关系网络，通过这个复杂的网络能了解与发明、地点、人物、物体和事件有关的许多页面是如何关联和组织的。这种由页面和链接构成的结构包含多条路径，反映了隐性的主题联系。通过遍历每条路径，可以测量链接、路径长度、与路径相关的页面和循环的累积。

从具体的内容和知识结构的组织方式角度分析，维基百科有与传统的百科全书式词典类似的地方，每个条目页面主题都通过分类映射到网络层次结构中。分类反映语义关系，如同义词、近义词、反义词等。维基百科中的分类表现了这种结构和内容，而且维基百科的消除歧义方式（如重定向等）提供了同一关键字的词汇等效词，这些等效词由维基百科贡献者共同标记，反映出更高的准确性，并且因为维基百科面向普罗大众，所以等效词是通过集思广益得到的，很少纰漏，涵盖了同义表达、缩写词、同义错拼等多种情况。

维基百科的分类用于表达概念之间的层次关系，这使得维基百科作为赞助搜索广告关键字的扩展来源具有独特的优点，一方面在于维基百科的开放性、全球性和免费性使得分类在词汇量和更新速度方面具有得天独厚的优势，这一点明显优于传统的百科全书式词典；另一方面，赞助搜索广告的特点决定了赞助搜索广告关键字大多数是名词，这要求最终得到的领域关键字候选集群是主要以名词或专有名词为主体的集合，而维基百科的分类能很好地满足这个要求，因为分类中名词具有良好的覆盖率。

另外，分类图关系需要考虑与种子关键字的关联度问题，也就是最初的联系是否分散。毫无疑问，联系会逐渐扩散，或许还会减弱，而且减弱的联系会不成比例地积累，最终导致不相关。一些热门主题的页面数量与其他相比，可能所引导的路径要多几个数量级，如医疗卫生、流行文化等热门主题页面就会表现出蓬勃的吸引力。这些发现丰富了对维基百科不断增长的知识存储的联系和结构的看法：需要有一种合适的方法对联系进行衡量，否则语料库会急速膨胀，最终导致广告主虽然耗费大量的时间和资源，但是可能并不能换回良好的广告效果回报。

维基百科可以通过超链接不断添加新的主题和页面，而挖掘这些内容可以帮助进行赞助搜索广告关键字的扩展。作为百科全书，维基百科具有更详细的概念定义和描述；作为概念词典，维基百科包含关键字词条及关系解释。因此，维基百科中语义知识资源之间的某些知识是互补的，这些互补的知识可以通过结合以获得更好的关键字扩展效果。由于维基百科使用自由分类定义方法，因此分类中图节点之间的关系更加灵活，并且可以灵活修正。当然，维基百科的分类为了保证其客观性和权威性，对具体的编纂方式有着明确的要求和规则。关于分类的用词要求，具体内容如下：

①尽量使用符合学术规范的通用名称，名称应避免使用地方性称呼、小范围称呼、别称、外号、俗语等。例如，中文药物的主题词应当遵循《中国药品通用名称》命名原则，植物分类的主题词设定可参考《国际藻类、菌物和植物命名法规》，避免产生误解和歧义。

②网络热点词、"玩梗"流行词的选用必须非常谨慎。

③尽量使用书面规范用语，避免过于口语化、通俗化的表达，词语选择尽量客观，不含感情色彩或价值评判，避免不文雅、格调低下、触犯禁忌、冒犯特定群体或有损社会公序良俗的表达。

④不同语言互译时表达要符合目标语言的表达形式。如"Category：水边生活的鸟类"不符合汉语习惯，汉语的规范表达应该是"涉禽"。

⑤如非必要，尽量避免不同语言的夹杂或混用，如"Category：Olympics在中国"是明显不合适的表达方式，修改为"中国奥林匹克运动会"更合适。

除了以上用词要求，还有一些其他应当避免的规则：

①一个条目可以归属于几个分类，但是归属过多的分类会失去其重心。

②一个条目通常不应既属于某个分类又属于这个类别的子分类。例如，黄河不应同时被分类到"Category：中国地理"与"Category：中国河流"下。因为"Category：中国河流"已经归于"Category：中国地理"大分类下，所以黄河只需分类到"Category：中国河流"下。

③分类条目时一定要注意中立的观点。除非显而易见且没有争议，否则

不要对条目归类。如有争议，可先到分类的讨论页提出问题。

目前，维基百科条目页面的总分类一共有 22 个一级子分类。一级子分类下面还有若干层级，通过这种层次关系，最终能到达新的条目页面。条目页面的分类会形成一个树状结构。

分类图中的大多数关系可以反映词条之间明显的关联性，这样可以运用关系网络信息加以处理。通过搜索多条超链接的相关路径并分析维基百科的链接结构，有助于基于分类图建立网络链接图，计算链接图上的条目页面之间相关性，并建立一个能够全面反映大量维基百科词条之间相关性的矩阵。

6.2.2　构建维基百科页面的网络链接图

在维基百科中，几乎每个页面都能通过锚文本链接到其他页面。通常情况下，维基百科的超链接指向的网页有多种类型，具体来说包括重定向页面、外链和分类等，这些可以作为语料库来扩展关键字（Milne et al.，2008）。例如，"Coca-Cola"的条目页面通过"Diet Coke"的超链接与另一个条目页面"Aspartame"相关联：*The most common of these is **Diet Coke**, with others including Caffeine-Free Coca-Cola*（Coca-Cola → Diet Coke），然后*"Diet Coke was sweetened with **aspartame**, an artificial sweetener, after the sweetener became available in the United States in 1983"*（Diet Coke → Aspartame）。

建立维基百科页面语料库的过程需要一种遍历网络链接图的算法，从图的起点开始向纵向节点尽可能地深入，然后再探索分支，因此本节主要采用深度优先搜索来完成工作。具体而言，首先沿着起点链接的第一个节点往下遍历链接该节点的所有边，然后返回到起点，以同样的规则开始遍历第二个节点，直到起点的所有链接节点都被搜索。图 6-2 显示了以种子关键字"skin"为起点的采用深度优先的维基百科网络链接遍历示意。

但是，在实际操作中会发现，把维基百科的重定向页面、外链、分类作为扩展关键字的主要来源存在一些困难，主要是因为经过快速的发展，现在的维基百科已经建立起了跨领域、跨行业知识和信息之间的广泛横向与纵向的联系，这些海量的信息和条目与条目之间广泛的联系使得把维基百科的重定向页面、外链、分类作为扩展关键字的主要来源会产生巨大的工作量。以

种子关键字

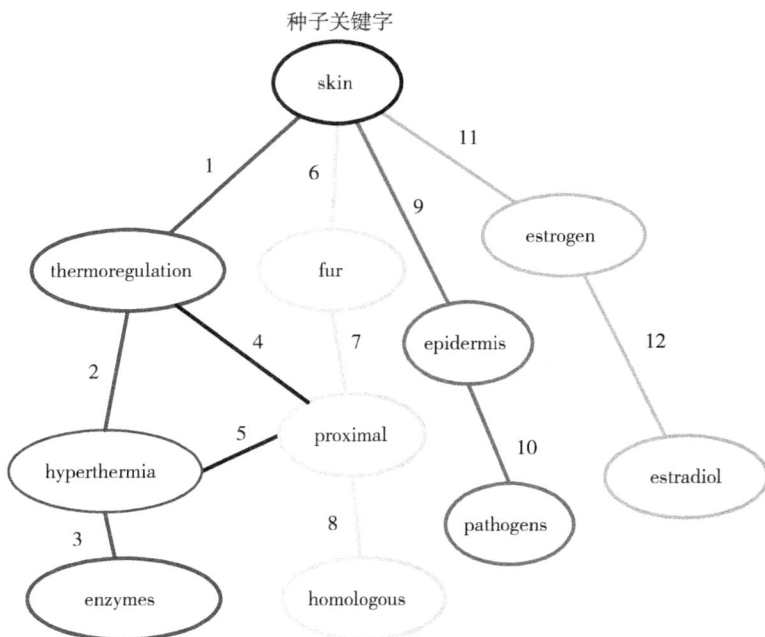

图 6-2 维基百科网络链接遍历示意

一个条目页面为起始点，点击一个词条，转入下一个页面，该页面也存在超链接，再点击再跳转……以上步骤几乎可以无数次进行。值得注意的是，有些表面上距离很远的条目之间可能会存在某些关联。但是，并非所有的关联都能成为关键字生成工作借助的工具，关键在于在消费者的搜索过程中这种关联能否得到消费者的认可、能否最终引起消费者的兴趣从而让其点击甚至购买。因此，如果不对扩展加上终止阈值的话，实际的关键字生成工作可能会无休止地进行下去，最终生成数量庞大但关联性难以被消费者认可的关键字，这会造成工作量的浪费。因此，以种子关键字为标题关键字的页面作为起点，然后借助超链接得到的网络链接图并不是越庞大越合适，无限期扩展会产生无穷无尽的链接，从而导致太多无关的网页进入语料库，而由这些无关网页生成的关键字在相关性上是很难保证的。

因此，本章采用一种改进的扩展激活算法（MSA）来控制增长的图链接，以确保语料库中页面的相关性。为了提高所生成关键字的域（市场）覆盖范围，本章设计了一个迭代过程，以利用维基百科中分类的链接结构来构建条目文章的语料库。页面与页面之间的链接反映了页面之间的关联，因此链接通常用于搜索相关的页面（Allan，1996；Baeza-Yates et al.，1999）。在语料库中，节点由页面表示，边缘是页面之间的链接。加权功能用于识别与种子关键字相关的页面。为了更好地确定页面与页面之间的权重关联，特别结合了两方面的考虑来设定加权函数，分别为入度平方比（Ciglan et al.，2010）和页面之间的相似度。具体而言，从页面 a_1 到另一个页面 a_2 的链接路径的加权函数 ISS（$e(a_1, a_2)$）定义为：

$$ISS\left(e(a_1, a_2)\right) = \left[\frac{indegree(a_2)}{indegree(a_1)}\right]^2 \times C(a_1, a_2)。 \tag{6-1}$$

公式（6-1）由两个部分的乘积构成。前半部分采用入度平方比，通过计算两个网页之间的入度比值的平方来分析这两个网页之间的相关程度，其中 $indegree(a_1)$[或 $indegree(a_2)$] 是页面 a_1（或页面 a_2）与其链入的分类超链接的网页中同时出现的关键字的数量，下文以种子关键字 peach 为例，给出具体的计算过程。

第一步，以种子关键字 peach 的页面作为网络链接图的起点，设以种子关键字 peach 为标题关键字的条目页面为 a_1，找到该页面底部的分类，点击分类的第一个超链接 "Crops originating from China"。

第二步，在 "Crops originating from China" 的分类页面中，能发现众多可以通过超链接跳转的词条，点击这些词条超链接转入的页面将作为语料库的候选页面，通过公式来逐一计算权重。以词条 Lychee 为例，设以关键字词条为标题关键字的条目页面为 a_2，点击锚文本 Lychee 通过超链接转入关键字Lychee 的条目页面，运用 5.2.2 中的步骤对页面进行处理，工作完成后，页面文本将被处理成为若干词条的集合。

第三步，"Crops originating from China" 的分类页面同样运用 5.2.2 中的步骤进行处理，工作完成后得到若干词条的集合。

第四步，比较第二、第三步得到的两个词条集合中的关键字数量，该数量即为 Lychee 的页面为 a_2 的 $indegree(a_2)$ 的值。同时，需要用相同的步骤点击peach 页面分类的其他超链接（包括 "Flora of China" "Fruits originating in Asia"

"Garden plants of Asia" 等），如果关键字 Lychee 重复出现，那么 $indegree(a_2)$ 的值需要累加计算。

第五步，在关键字 Lychee 的条目页面中，找到该页面底部的分类，逐一点击分类的所有超链接 "Crops originating from China" "Edible fruits" "Edible Sapindaceae" "Flora of China" "Fruits originating in Asia" "Plants described in 1782" "Trees of Malaysia" "Trees of Vietnam" "Tropical fruit" "Sapindaceae" "Fruit trees"，在这些分类的页面中寻找关键字 peach，若在某分类页面中找到，则运用 5.2.2 中的步骤处理得到词条的集合，比较与关键字 peach 页面处理后的词条集合中有多少相同的关键字，该数量即为 $indegree(a_1)$ 的值。若有多个分类页面出现关键字 peach，则 $indegree(a_1)$ 的值同样需要累加计算。

公式（6-1）的后半部分采用余弦相似度来计算两个页面之间的相似性，见公式（6-2），$C(a_1, a_2)$ 是页面 a_1 和页面 a_2 之间的余弦相似度。余弦相似度常用于计算文本挖掘中的文件之间的相似性，通过将网页的文本转化为向量，然后测量两个向量夹角的余弦值作为计算两个网页之间的相似性的工具。A 和 B 分别表示页面 a_1 和 a_2 文本的属性向量，A_i 和 B_i 分别代表 A 和 B 的各分量。

$$C(a_1, a_2) = \frac{A \cdot B}{||A|| \, ||B||} = \frac{\sum_{i=1}^{n} A_i \times B_i}{\sqrt{\sum_{i=1}^{n} (A_i)^2} \times \sqrt{\sum_{i=1}^{n} (B_i)^2}}。 \quad （6-2）$$

下面我们简单举例，介绍余弦相似度公式如何使用。

页面 a_e：The peach is a deciduous tree native to the region of Northwest China.

页面 a_g：China is the leading producer of peach，a deciduous tree native to the region of Northwest China.

第一步，页面文本提取与分词：

按页面文本的单词进行分词，分别得到两个列表：

lista_e=[the，peach，is，a，deciduous，tree，native，to，the，region，of，Northwest，China]

lista_g=[China，is，the，leading，producer，of，peach，a，deciduous，tree，native，to，the，region，of，Northwest，China]。

第二步，将 lista_e 和 lista_g 的所有单词全部放在一个集合中，得到：

set ={the, peach, is, a, deciduous, tree, native, to, the, region, of, Northwest, China, leading, producer}。

第三步，将上述 set 中的所有单词指定一个位置，位置用数字表示：

set_{loc} ={the：1, peach：2, is：3, a：4, deciduous：5, tree：6, native：7, to：8, the：9, region：10, of：11, Northwest：12, China：13, leading：14, producer：15}。

第四步，将 lista$_e$ 和 lista$_g$ 进行编码转化，将列表中的所有单词对照其在 set_{loc} 中的位置转换为数字：

$$lista_e code = [1, 2, 3, 4, 5, 6, 7, 8, 9, 10, 11, 12, 13]$$

$lista_g code$ =[13, 3, 1, 14, 15, 11, 2, 4, 5, 6, 7, 8, 9, 10, 11, 12, 13]。

第五步，通过上述步骤，我们将两段页面文本转化为数字属性来表示。考虑到这些文本的数字属性并不具备序列性、也不能比较大小，因此采用特殊的编码方式，即独热编码（one-hot），将数字属性转化为词频向量：

$$lista_e codeOneHot = [1, 1, 1, 1, 1, 1, 1, 1, 1, 1, 1, 1, 1, 0, 0]$$

$lista_g codeOneHot$ =[1, 1, 1, 1, 1, 1, 1, 1, 1, 1, 2, 1, 2, 1, 1]。

第六步，我们获得这两段页面文本的词频向量，然后运用公式（6-2）来计算两段页面的相似性，结果越大表示相似度越高。

$$C(a_e, a_g)$$

$$\frac{1\times1+1\times1+1\times1+1\times1+1\times1+1\times1+1\times1+1\times1+1\times1+1\times1+1\times2+1\times1+1\times2+0\times1+0\times1}{\sqrt{1^2+1^2+1^2+1^2+1^2+1^2+1^2+1^2+1^2+1^2+1^2+1^2+1^2+0^2+0^2}\times\sqrt{1^2+1^2+1^2+1^2+1^2+1^2+1^2+1^2+1^2+1^2+2^2+1^2+2^2+1^2+1^2}}$$

$$\frac{15}{\sqrt{13}\times\sqrt{21}}=0.908。$$

根据计算结果可知，例子中的两个页面的余弦值为 0.908 非常接近于 1，所以，这两个页面的相似度非常高。

本书的关键字扩展方法中，语料库的建立是通过一个迭代过程逐步完成的。首先，有一个起始节点（以种子关键字为标题的页面），给起始节点设定一个初始激活值，然后激活值沿着起始节点页面的分类的超链接进行传递，到达超链接跳转的下一个节点（超链接跳转的关键字），这时下一个节点的激活值通过公式（6-3）来计算权重，即激活值从页面 a_1 扩展到 a_2 时，a_2 的激

活值是 a_1 的激活值 $[ISS(a_1)]$ 与它们之间的加权关联 $[ISS(e(a_1,a_2))]$ 的乘积。实际情况下，对于一个页面，从其他页面链接到它的路径可能不止一个，因此本节的方法考虑单个节点可能从多个来源接收激活值，为此计算激活值时计算了所有路径来源的总和。令 m 表示以种子关键字为标题的页面开始的路径数，n_r 表示沿第 r 条路径的页面数，而 a_{rq} 表示第 r 条路径中的 q 个页面（$r=1$，$\cdots$，m，$q=1$，$\cdots$，n_r），建立语料库的若干页面通过公式（6-3）来选择（Crestani，1997）：

$$C=\{a_{11}\cdots a_{1n_1},\ a_{21}\cdots a_{2n_2},\ \cdots,\ a_{m1}\cdots a_{mn_m}\},$$

$$\sum_{r=1}^{m}\prod_{q=1}^{n_r}ISS(e(a_{rq},\ a_{rq+1}))\times \text{activation}(a_{rq})\geqslant \omega。 \tag{6-3}$$

图 6-3 作为示例展示了设定阈值 $\omega=0.3$ 的激活值传递过程。起始节点的激活值设定为 1，在第一次迭代 [步骤（b）] 后，因为 a_{12} 的激活值等于 $0.4 > \omega$，a_{22} 的激活值等于 $0.6 > \omega$，所以节点 a_{12} 和 a_{22} 的激活值可以继续传递到下一节点。但是对于节点 a_{32}，其激活值等于 $0.2 < \omega$，该路径的激活值传递终止。在第二次迭代后 [步骤（c）]，节点 a_{13} 和 a_{23} 的激活值都等于 $0.14 < \omega$，这两条路径的激活值传递终止。最终，语料库的页面包括 $\{a_{r1},\ a_{12},\ a_{13},\ a_{22},\ a_{32}\}$。

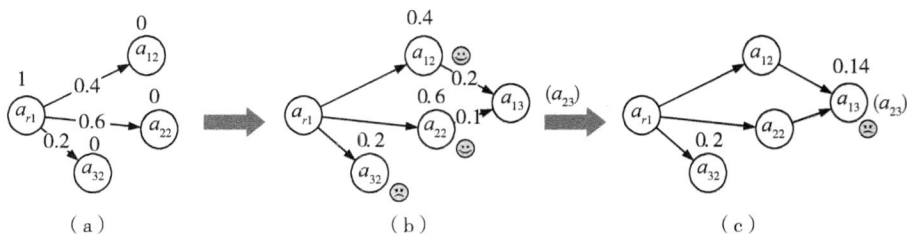

图 6-3　MSA 算法的激活值传递示意

公式（6-3）是基于公式（6-1）来进一步测量两个页面之间的关联。构造维基百科页面语料库的过程是以迭代方式充分运用了页面之间的链接结构，该过程一直持续到链接的下一个页面的激活值低于阈值 ω 为止，这样就能建立一个包含若干互相关联的页面的语料库。最后，将这个语料库中的页面按照本书 5.2.3 中的步骤进行处理，得到最终的关键字扩展过程的输出结果，得到了一个即广泛地涵盖本领域，又能保证相关性的关键字集群。

在公式（6-3）中，阈值 ω 的值是预先设定的，值的大小将直接影响语料库中选择页面的数量。在这项工作中，起始节点的初始激活值设置为 1，阈值设置为较小的正值。通过调整阈值，可以获得一组在覆盖率和相关性方面表现不同的页面并得到关键字。具体而言，如果将阈值设置为较小的值，则将获得更多的页面和关键字（追求更好的覆盖率），但是可能与种子关键字的相关性会降低；相反，如果将阈值设置为较大的值，则情况将相反。6.3.3 中会更详细地探讨不同阈值对结果的影响。

表 6-1 为 WIKG 模型算法的伪代码，图 6-4 为 WIKG 模型的结构步骤。

表 6-1　WIKG 模型算法伪代码

ALGORITHM 1：WIKG（Wikipedia Keyword Generation and Expansion）

Input：The seed keyword SK.

Output：The keyword set K

a = Entry Article，ATV = activation，OL = Outlink，C = Output function of MSA

1　　for OL do

2　　ATV（a）← Formula（4.1）

3　　if $\sum_{r=1}^{m}\prod_{q=1}^{n_r}\text{ISS}[e(a_{rq},\ a_{rq+1})] \times \text{activation}(a_{rq}) \geqslant \omega$ then

4　　$C = \{a_{11}\cdots a_{1n_1},\ a_{21}\cdots a_{2n_2},\ \cdots,\ a_{m1}\cdots a_{mn_m}\}$

5　　weight ← Formula（3.1）

6　　end for

7　　for each SK do

8　　import SK to search box

9　　if SK have more than one meaning then

10　　do ambiguity elimination

11　　if SK have only one meaning then

12　　weight ← Formula（3.1）

13　　end for

14　　return K

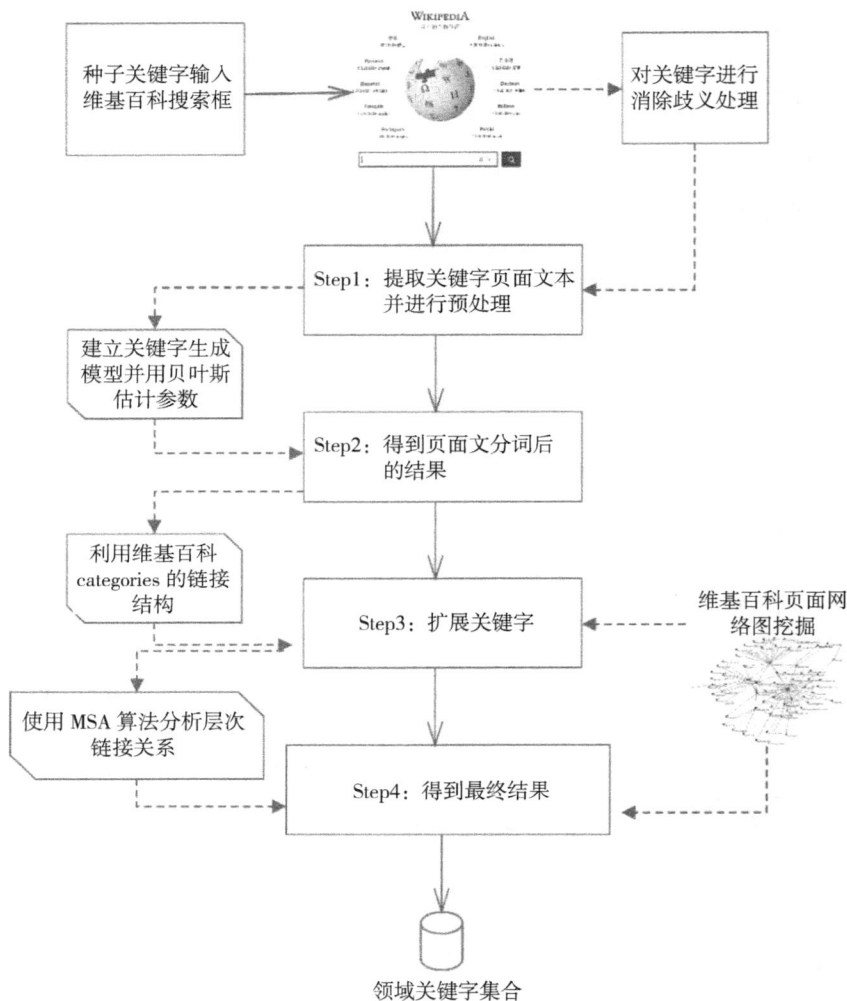

图 6-4　WIKG 模型结构步骤

6.3　实验及结果分析

实验部分设计一个 Python 框架来实现抓取维基百科条目文章，并使用 MSA 算法确定用于关键字生成的条目文章语料库。实验通过与 3 种基准方法进行比较实验，包括 Google 的 Adwords's KP、Wordy（Abhishek et al.，2007）和 Wiki-Concept（Amiri et al.，2008），以评估 WIKG 的性能。实验评估有以下两个目的：第一，评估生成的关键字的覆盖范围；第二，验证所生成关键字的相关性，即所生成关键字是否与种子关键字相关联。

　　为了进行比较，实验采用了在 Wordy 和 Wiki-Concept 上先前研究的实验中使用的 4 个种子关键字，即"skin""teeth""massage""medical"，假设每一个关键字都对应一个独有的广告市场。另外，在 Wordy 和 Wiki-Concept 的文献中，仅列出了每个种子关键字的前十个生成关键字以进行评估。因此，在本章实验中，同样选择了 WIKG 和 Adwords's KP 生成的前十个关键字，以评估生成的关键字的覆盖范围和相关性。

　　对于每个种子关键字，从 Wikipedia 抓取了一个数据集。首先，下载压缩的 XML 文件，使用 XML 提取工具将其导入 MySQL 数据库。然后，从数据库中选择页面构建一个词条条目语料库。最后，获得了 879 个词条条目页面，具体来说，针对 4 个种子关键字分别获得了 130、104、317 和 328 个。接下来，这些页面文本使用 lemur toolkit[①] 工具包中实现的标准文本挖掘技术进行处理，将经历标记化（tokenization）、词干提取（stemming）和功能词过滤（function words filtering）的过程。这个过程会过滤掉无用单词。DBpedia[②] 是从 Wikipedia 中提取结构化信息的工作，用于构建 Wikipedia 文章之间的链接结构，在本章实验中采用日期为 2017 年 1 月 15 日的页面链接数据集。

　　实验中采用两类标准来评估比较本章方法和基准方法的性能，分别是覆盖率和相关性指标。

6.3.1　关键字的覆盖性结果

　　关注覆盖性指标，是用于评估扩展生成的关键字集合整体的覆盖范围。在以下实验中，阈值设置为 0.01。

　　（1）关键字扩展生成的结果

　　4 种方法生成的前十个关键字列举在表 6-2 中。从生成的具体关键字来

---

① lemur toolkit 工具包参见：www.lemurproject.org/。

② DBpedia 工具包参见：https：//wiki.dbpedia.org/。

看，由 WIKG 和 Wiki-Concept 生成的关键字比 Adwords's KP 和 Wordy 更为专业，这是因为前两者均以维基百科为来源。Adwords's KP 生成的大多数是流行关键字且范围较窄。这是因为 Adwords's KP 利用广告日志中关键字之间的共现关系来完成关键字生成，所以生成的关键字集合覆盖范围有限。

表 6-2　4 种方法扩展生成的前十个关键字

种子关键字	Adwords's KP	Wordy	Wiki-Concept	WIKG
skin	Skins	skincare	psoriasis	blood
	Epilate	facial	inhale	dermis
	Skindex	treatment	epidermis	epidermis
	Depilate	face	uvb	Amphibia
	mcskinsearch	care	danger	cell
	Dskin	occitane	corneum	ligament
	Minecrafts	product	melanocytic	mesothelium
	Mcskin	exfoliator	harm	TA
	Skinm	dermal	exposure	tissue
	Mcsin	body	prolong	blood
teeth	orthodontist	tooth	tooth	mouth
	1800dentist	whitening	Xtract	cheek
	Lumineers	dentist	dentition	mucosa
	Braces	veneer	dentist	DNA
	Invisalign	filling	orthodontic	Buccal
	Fillings	gums	enamel	membrane
	Dentist	face	incisor	animal
	Hygienist	baby	dental	vestibule
	Dentures	smilesbaltimore	premolar	Zygomatic
	Veneers	features	molar	chin

续表

种子关键字	Adwords's KP	Wordy	Wiki-Concept	WIKG
massage	Inspa	therapy	heritage	teaching
	massotherapy	bodywork	therapist	regalia
	Friskvård	massageandspalv	knead	Upper
	Outcall	therapist	parlor	Greco-Roman
	Shiatsu	therapeutic	Kahuna	pigment
	Hotstone	Thai	erotic	infancy
	Détente	oil	reflexology	Kamose
	Massageo	bath	perineal	force
	Masge	offer	therapy	beach
	therapeutic	styles	shiatsu	Cambyses
medical	Healthcare	doctor	Specialist	gynecology
	medicalone	clinic	Health	Clinics
	Doctor	health	Maternity	psychologist
	Medal	medicine	Care	therapy
	Medihelp	service	Pusat	dermatology
	Medica	offers	Hospital	patient
	Medimed	advice	Medicine	Latin
	Mcal	search	Islam	psychology
	medihealth	member	Clinic	Polyclinics
	Medic	information	Practice	nurse

（2）扩展生成关键字的数量

对于4个种子关键字，即"skin""teeth""massage""medical"，Google 的 Adwords's KP 分别生成了254、341、786、315个关键字；Wordy 对这4个 种子词总共生成1681个关键字。Wiki-Concept 为每个种子词生成数百个关键字。而本章方法 WIKG，分别扩展生成8452、7719、14 885、18 274个关键字 （表6-3）。由此可以看到，WIKG 生成的关键字数量大大超过了其他3个方法。 因此，对广告主而言，WIKG 扩展生成的关键字可以为赞助搜索广告中与关键字相关的操作提供较大的决策空间，对于后续操作广告主能有更充分的选择。

表 6-3　4 种方法扩展生成关键字的数量

方法	种子关键字			
	skin	teeth	massage	medical
Adwords's KP	254 个	341 个	786 个	315 个
Wordy	4 个种子词总共生成 1681 个			
Wiki-Concept	每个种子词生成数百个关键字			
WIKG	8452 个	7719 个	14 885 个	18 274 个

（3）长尾关键字的占比

实验使用 Porter stemmer，在不涉及人工评估的情况下标记了长尾关键字。表 6-4 显示了 4 种方法生成的集合中长尾关键字所占的百分比。除 Adwords's KP 以外，其他 3 种方法的得分都较高（≥ 90%），其中 WIKG 表现最佳。从结果中可以看到，Adwords's KP 生成的大多数关键字通常都包含种子关键字，因此得分很低。由此，实验可以得出结论，WIKG 有更强的生成长尾关键字的能力，从而有效地扩展了生成集的范围。

表 6-4　长尾关键字在集合中的占比

方法	种子关键字				
	skin	teeth	massage	medical	Average
Adwords's KP	0	0	20%	10%	7.5%
Wordy	90%	90%	90%	100%	92.5%
Wiki-Concept	100%	90%	100%	100%	97.5%
WIKG	100%	100%	100%	100%	100%

（4）概念结构层次覆盖范围

实验评估了生成的关键字与概念结构层次匹配的程度。对于每个关键字，实验根据 DMOZ[①] 建议的概念层次结构将其与相关概念进行匹配，其中开

---

① DMOZ 参见：http://www.dmoz.org。

放目录项目（ODP）定义了成千上万个目录类别，并且根据概念层次结构扩展了包含相似主题的页面，让其表示概念层次结构中的层数。毫无疑问，生成的关键字匹配的概念层次结构层越多，覆盖范围就越好。当生成的关键字覆盖概念层次结构的多个层时，实验使用折现累积收益（DCG）（Goswami et al.，2014）来计算概念覆盖率，见公式（6-4）。

$$DCG = score_1 + \sum_{n=2}^{L} \frac{score_n}{\log_2(L+1)} \text{。} \qquad (6-4)$$

表 6-5 显示了本章的方法和 3 个基准方法所生成的关键字的概念覆盖率。从表中可以看出，WIKG 的结果最佳。由于都是以维基百科为来源，WIKG 和 Wordy 的结果要明显优于其他两个方法。对于 Adwords's KP，生成的关键字中有很多具有相似的含义，导致概念覆盖率较低。此外，通过分析 4 种方法的生成关键字所涵盖的概念，可以发现 WIKG 扩展生成的关键字涉及的概念范围更加广泛。

表 6-5　4 种方法生成的关键字的概念覆盖率

	Adwords's KP	Wordy	Wiki-Concept	WIKG
平均 DCG	2.262	3.378	3.012	3.387

6.3.2　关键字的相关性结果

关于相关性，本节评估的是生成的关键字和种子关键字之间的语义联系。实验部分采用和 5.3.2 中相同的相关性评估方法，即以 5 分制进行评估，并由 10 位评估者进行评分。先以随机顺序将生成的关键字显示给评估者，并询问每个关键字与种子关键字之间的关系如何，然后让评估者在语义差异量表中打分，最后从评估表中获得每个关键字的相关性向量，并计算其相关性得分。

图 6-5 ～图 6-8 对比 WIKG 方法和其他 3 个方法，展示了关键字的累积相关性得分。通过比较 WIKG 生成的前十个关键字和其他 3 个方法，实验分析发现 WIKG 生成的关键字相关性要高于其他基准方法。

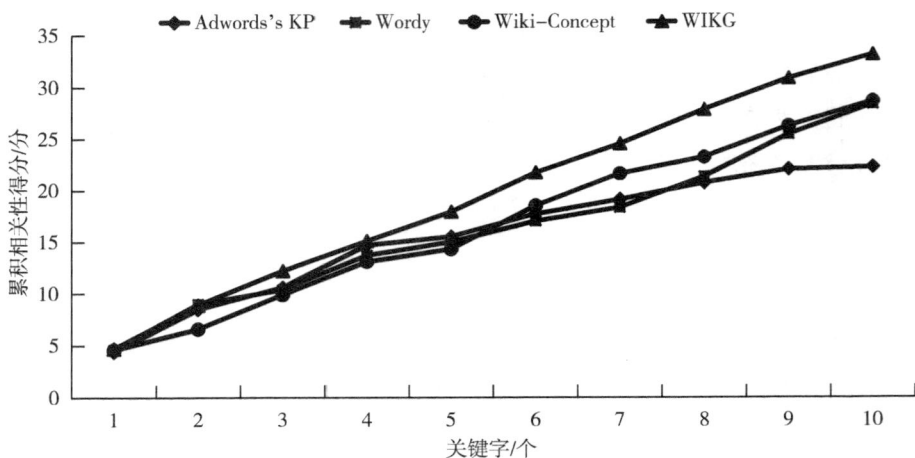

图 6-5　种子关键字 "skin" 的 4 种方法累积相关性得分

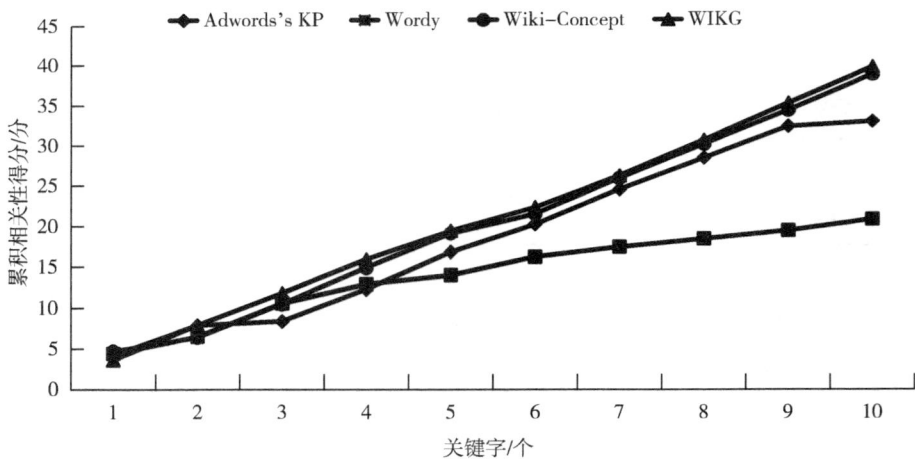

图 6-6　种子关键字 "teeth" 的 4 种方法累积相关性得分

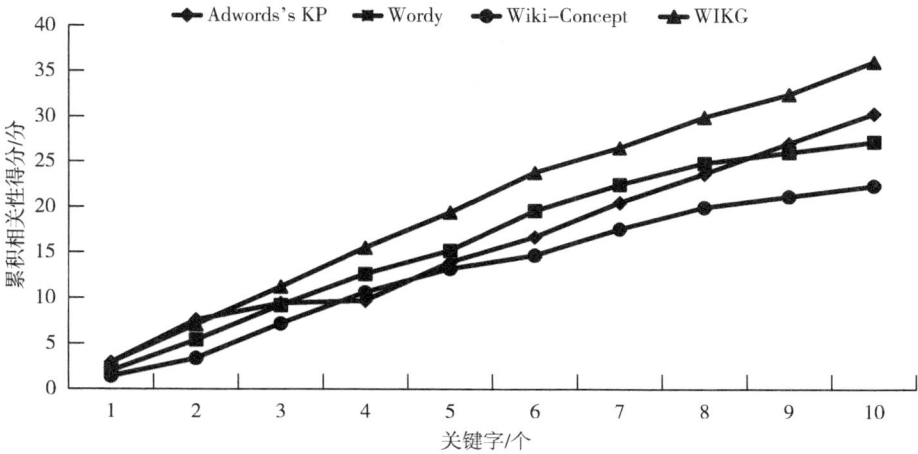

图 6-7　种子关键字 "massage" 的 4 种方法累积相关性得分

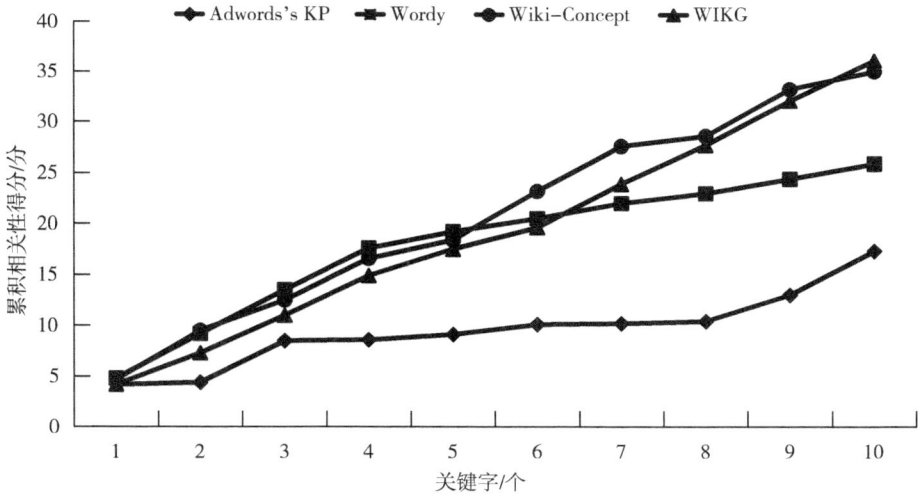

图 6-8　种子关键字 "medical" 的 4 种方法累积相关性得分

　　为了评估 WIKG 生成的排名靠后关键字的相关性，在每个种子关键字的结果中随机选取了 10 个关键字，通过实验获得了它们的相关性得分。表 6-6 展示了 WIKG 生成的排名靠后关键字的相关性得分，可以看到即使是排名靠后的关键字，其相关性也能在一定程度上得到保证，这也说明了 WIKG 方法的关键字扩展并不是盲目扩大范围。目前，无论是赞助搜索广告平台的工具

表6-6　随机选取的低排名关键字相关性得分

skin				teeth			
排名	关键字	解释	得分/分	排名	关键字	解释	得分/分
512	pasture		3.1	245	surgery		3.1
1844	genetics		2.7	828	Vajrayana	Buddhist tradition of Tantra	3.5
2154	sphenoid	an unpaired bone of the neurocranium	1.4	1050	Kikai	a Japanese name	1.6
2629	astra	former international pharmaceutical company based in Sweden	3.2	1659	fibula	a leg bone located on the lateral side of the tibia	2.2
3146	Hydra	a many-headed serpent in Greek mythology	1.3	2691	coil		1.6
5971	Falconiformes	falcons family	1.2	5279	Eugen	a common feminine or masculine given name	1.5
6215	cyclobutane	a cycloalkane and organic compound with the formula $(CH_2)_4$	2.7	5986	vaccinia	a large, complex, enveloped virus belonging to the poxvirus family	1.8
6761	7-dehydrocholesterol	a zoosterol that functions in the serum as a cholesterol precursor	2.2	6630	mistress		0.3
7235	CNRI	Corporation for National Research Initiatives	1.1	6846	underarm		3.4
8253	lophophorate	a characteristic feeding organ possessed by four major groups of animals	2	7710	Taebaeksan	a South Korean mountain	1.3

续表

	massage				medical		
排名	关键字	解释	得分/分	排名	关键字	解释	得分/分
1424	hair		1.9	995	Grenada	an island country in the southeastern Caribbean Sea	1.3
1920	fatigue		1.9	1366	ratio		1.1
2014	axon	a long, slender projection of a nerve cell	2.8	1852	belief		3
2726	Striae	a form of scarring on the skin with an off-color hue	2.3	2577	Listeria	a genus of bacteria which cause food poisoning	3.5
2914	Agaricus	a genus of mushrooms	2.3	3042	Jalal	an Arabic masculine given name	1.4
4417	Laboratories		1.4	6523	Metallurgy	a domain of materials science that studies the metallic elements	1.3
5617	rhodesiensis	an extinct species of coelophysid theropod dinosaur	2.9	8506	hereditary		1.8
7061	Lampreys	jawless fish of the order Petromyzontiformes	1.3	12 547	Hispanic	the people, nations, and cultures that have a historical link to Spain	1.4
9155	circa	from Latin, meaning 'around, about'	1.4	13 879	Wedjahorresnet	an ancient Egyptian high official	2.3
14 615	amuran	short-bodied, tailless amphibians	1.6	17 205	Hippocratics	a collection of around 60 early Ancient Greek medical works	4.2

还是学界研究提供的方法，能提供的关键字数量相对较少。现有的关键字生成和扩展的技术方法，均以种子关键字为核心，分别基于统计信息或概念层次结构进行扩展，但这些方法生成的关键字不仅数量少，而且难以脱离种子关键字的主导地位，即生成的关键字涵盖的领域的信息和知识较窄。目前，实际工作中部分广告主，特别是行业内的龙头企业通常广告预算充裕，现有的方法在数量上显然难以满足这些广告主的需求，广告主会陷入无关键字竞标的尴尬状况。在这样的情形下，本书提出的 WIKG 方法能提供更多关键字，同时能满足关键字的相关性，从而满足这些广告主的需求。

本章实验用两类标准来全面评估比较本书方法和基准方法的性能，分别是覆盖率和相关性指标。其中，覆盖率指标分别从生成关键字的数量、长尾关键字的占比、概念结构层次覆盖范围这 3 个维度进行衡量。为了进一步增强展示本书方法的效果，实验结果直接给出了本书方法和 3 种基准方法生成的关键字示例，能非常直观地对比看出本书方法能生成专业性强、覆盖范围广的关键字。相关性指标中运用的 5 分制评估方法是其他研究中广泛认可和使用的，实验结果证明了本书方法的优势。

6.3.3 阈值的影响分析

通过调整公式的阈值 ω，广告主可以控制生成的关键字集的覆盖范围及其与种子关键字的相关性之间的平衡。实验的这一部分将通过调整阈值，来比较不同阈值下 4 个种子关键字生成效果的差异，每一轮调整时 4 个种子关键字都设定统一的阈值。注意，对于种子关键字 "medical"，当阈值 ≥ 0.35 时，只能获得很少的页面，因此为其单独设置了阈值。表 6-7 列出了不同阈值调整后的结果，包括生成关键字的数量、概念覆盖率和所生成关键字的平均相关分数。可以看出，随着阈值的降低，WIKG 生成的关键字的数量增加，概念覆盖率也随之增加，而平均相关分数有所降低。这表明 WIKG 可用于灵活地实现覆盖范围和相关性之间的平衡，使广告主有机会控制关键字扩展的过程，从而可以根据不同的广告目标做出调整。

表 6-7　不同阈值调整后的结果比较

skin				teeth			
ω	数量 / 个	概念覆盖率	平均相关分数	ω	数量 / 个	概念覆盖率	平均相关分数
0.45	74	4.742	0.76	0.45	96	5.263	0.78
0.40	164	5.957	0.72	0.40	273	7.812	0.69
0.35	628	7.887	0.69	0.35	3342	10.369	0.47
0.30	2631	8.526	0.62	0.30	3790	11.536	0.45
0.25	6097	10.892	0.51	0.25	5826	12.873	0.31
massage				medical			
ω	数量 / 个	概念覆盖率	平均相关分数	ω	数量 / 个	概念覆盖率	平均相关分数
0.45	642	7.365	0.75	0.30	107	5.629	0.85
0.40	763	7.887	0.73	0.25	442	7.135	0.77
0.35	981	8.755	0.66	0.20	1570	9.18	0.65
0.30	1027	8.783	0.64	0.15	3862	10.769	0.58
0.25	4126	10.18	0.57	0.10	6728	12.075	0.36

当阈值较小（0.01）时，我们在配置为第 9 代 Intel Core i9-9900K 处理器、4×32 GB 内存、42 666 MHz DDR、2 TB 硬盘的高性能计算机上运行 4 个种子关键字的实验结果，大约半小时后我们可以获得超过 10 000 个关键字。当阈值增加时，关键字的数量减少且关键字生成实验的时间明显缩短。一般情况下，考虑到实际广告活动的需求，10 000 个以上关键字集合为广告主进行后期的关键字工作提供了足够的资源。

6.4　本章小节

近年来，关于关键字生成和扩展的研究，均以种子关键字为核心，分别基于统计信息和概念层次结构的扩展。但是通过这些方法生成的关键字不仅数量少，而且难以脱离种子关键字的主导地位，即生成的关键字涵盖的领域的信息和知识较窄。在实际的工作中，很多企业，尤其是一些行业巨头，预算比较充裕，愿意给赞助搜索广告投入巨额预算，但是这些现有的方法生成的关键字数量比较少，往往导致大公司在充足预算下陷入无关键字竞标的尴尬情况。本章的关键字扩展策略有力地克服了这一困难，运用本章的策略可以为广告主提供数量达到一万以上的候选关键字集群，而且经分析，集群中关键字不仅相关性较高，涵盖的领域也非常广泛，这为大公司广告主的搜索广告活动提供了极为丰富的关键字选择，使得广告主后续的关键字策略有更灵活的操作空间。

本章的工作是在第 5 章的基础上，基于维基百科的丰富层次链接关系，对少数生成关键字进行扩展，最终得到一个充裕的关键字集合。该策略兼顾覆盖性和相关性，利用维基百科中页面之间的丰富的联系筛选出关联度较高的页面作为来源对生成关键字进行扩展，最终得到范围广泛同时与种子关键字具有密切关联的候选关键字集群。该方法系统且深入地分析了维基百科的网页链接结构，以种子关键字的条目页面为起始节点构建有限网页链接图，运用 MSA 算法来确定链接图的终止阈值，然后通过关键字生成模型对条目页面的词条进行排序，最终得到某一特定领域的候选关键字的集群。该集群代表了该产品领域的整个潜在市场，也是广告主进行后续赞助搜索广告操作的基本依据。得到一个最终的关键字集合是一个复杂且艰难的过程，如果关键字数量足够多，同时覆盖范围广又能保证较高的相关性，那么可供广告主后期选择的空间就会比较充分，无论广告主预算充裕还是拮据，都有合适的关键字提供。

此外，本章的关键字扩展策略为广告主提供了根据不同的广告目标做出调整的空间，无论是追求覆盖性还是相关性，广告主都有机会控制关键字扩展的过程，从而可以灵活地实现二者之间的平衡。以上优势充分体现了本章的关键字扩展策略的重要贡献。

Web 检索和常规信息检索之间的主要区别在于，其丰富的链接结构可以用来提高信息检索的质量和效率。与早期在文献计量学中引用类似，链接从 A 页到 B 页，可以视为页面 A 与页面 B 之间存在相关性。维基百科内部的链接是连接万维网的常规超链接的特例，通常基于自然出现在页面中的词条链接到另一个"相关的"维基百科页面。

第 7 章
多平台环境下的赞助搜索广告
关键字选择

7.1 关键字选择在赞助搜索广告中的作用

随着互联网广告产业的发展，互联网广告已经发展成为多媒体、多平台并存的交易模式。在预算额度允许的情况下，市场营销人员可以综合使用多种线上媒体平台来为其广告增加更大的影响力，扩大广告推广范围，从而提高广告效果。不同的线上广告媒体平台面向的用户群体是不同的，因此广告主需要经过精心策划以实现各平台的覆盖范围和频次的最优化，力求为用户带来全面、协同的影响。Cannon 等指出，在集成营销传播（integrated marketing communication，IMC）时代，广告主做出了很大的努力来推动跨平台活动的协同作用。集成营销传播有利于在多种平台中利用协同效应建立产品和服务品牌资产优势的最大化（Zhou et al.，2019）。在平台策划方面，通过利用多种平台间的协同效应来建立产品和服务品牌资产，其带来的好处已被广泛研究。

互联网时代大数据、移动技术的发展使多类型平台出现，广告主与连续消费多种媒体平台的用户互动的能力变得越来越重要。无论是串行观看的不完整小块多媒体（称为媒体多路复用，media multiplexing）（Lin et al.，2013 年），还是便携式设备上非线性观看多媒体，这些新的消费模式已经产生了前所未有的用户行为习惯。这种趋势促使商业活动向新媒体平台转移，如视频、直播、广告等的消费越来越多地通过移动端在非线性媒体（Internet 和 DMB）上进行（Jung et al.，2009 年）。根据尼尔森发布的《尼尔森年度营销报告：失调时代》（"Annual Marketing Report：The Age of Dissonance"）[①]，现在已不是用户的购买决策来自单一触点的时代了。

广告研究长期以来一直关注一个问题，即反复暴露广告信息而不引起参与，是否仅通过改变消费者的态度就能提高销售。事实上，重复接触广告确实能够产生更多的认知反应，从而对说服力产生重复作用（Belch，1982；Machleit et al.，1988；Campbell et al.，2003；Malaviya，2007）。Chang 等发现，与单一来源的重复广告相比，多种来源的广告可以带来更多的效果。在赞助搜索广告中，用户在转换之前可能会通过多种平台多次访问广告主的网站。通过特定平台（如网络搜索、推荐网站）访问网站可以使用户了解有关产品和服务相对于竞争性和补充性报价的吸引力的其他信息。这种访问体验可能会影响用户通过同一平台对网站的后续访问，以及通过该平台进行的可能转化（分别在访问和购买阶段带来的结转效应）。同样，它可能导致用户通过其他平台进行访问和转化，这些影响在不同用户之间也可能有所不同（Mulpuru et al.，2011）。

与其他在线广告方式，如开屏广告、横幅广告等相比，互联网用户通常对赞助搜索广告表现出积极态度，可能是因为赞助搜索广告的出现场景不那么突兀。如果用户在搜索平台中搜索某个关键字，并且该关键字是由广告主预订的，则搜索平台会显示相应的广告，并且该广告应吸引用户点击并访问广告主的在线商店，最后将其转化为购买者。有趣的是，具有高转化率的用户使用的关键字平均 CPC 较低（Haans et al.，2013）。因此，与转化率难以提高的关键字相比，赞助搜索广告中能提高在线商店转化率的关键字对广告主而言更具性价比。这意味着广告主在选择关键字时应该选用用户在搜索平台中使用的具有高转化率的关键字。先前的研究表明，不同类型用户，消费偏好不同，其搜索活动和转化率不同（Wen et al.，2020），广告必须针对特定用户的需求进行投放，否则可能适得其反，被不感兴趣的用户认为是骚扰信息

---

① 尼尔森发布的《尼尔森年度营销报告：失调时代》参考：https://www.nielsen.com/us/en/insights/report/2020/nielsen-annual-marketing-report-the-age-of-dissonance/。

（Zhang et al.，2016）。赞助搜索广告市场上投放广告的平台很多，不同平台面对的用户群体不同，而且不同平台用户群体之间可能存在交叉。因此，在多平台环境下进行关键字选择成为广告主必须面对的一项挑战。

为了应对跨平台下的高复杂度、多风险环境，广告主需要在关键字广告决策优化问题上考虑多平台的多重因素，在跨平台营销中寻求自身利益最大化。本章建立一个分层的非参数贝叶斯估计模型来考虑不同用户群体特征的关键字 CTR 指标，并在此基础上提出一种平衡品牌推广和利润的关键字选择策略。本研究具有若干理论和实践意义贡献。首先，大多数电商平台赞助搜索广告的研究着重于关键字竞价和广告展示量，没有考虑针对平台本身用户群体的特征来设计广告，本章的研究充分考察了用户细分群体与关键字相关的指标。其次，广告主在多个平台进行广告推广活动时，往往只注重每个平台单独优化的效果，多平台之间缺乏联动因素，本章的研究考虑各个平台之间用户不同特征群体的指标，在预算相同的情况下，运用本章的方法进行跨平台关键字选择的整体效果优于每个平台单独选择。再次，不同广告主的目标并不一定相同，例如，某些广告主或许更加强调品牌推广的覆盖率而不是短时间的销量，本章的关键字选择策略可以在品牌推广与追求利润之间进行调节，以满足不同广告主的个性化需求。最后，互联网时代市场瞬息万变，广告主所面对的消费者群体的发展变化速度也在明显加快，广告主需要能快速反映消费者变化的策略方法，本章的关键字选择方法为广告主的调整预留了空间，广告主可以方便地增加、删减或改变用户特征标签，每种特征标签的内部划分也能随时进行调整，以便广告主随时紧跟市场变化的步伐调整关键字选择和广告推广方案。

7.2　考虑平台用户群体的关键字表现指标

当前，我国赞助搜索广告市场上电商平台凭借用户转化路径最短，以及直播电商红利，成为广告主进行赞助搜索广告投放的重要媒体选择。电商平台兼具媒体、社交和消费属性的优势，贴合网络时代用户的社交、分享、群体融入的需求，通过个人分享、群体评论点赞等方式带动商品交易，经过多年的发展积累，已逐渐形成分销、拼购、内容运营 3 种主流模式①（表 7-1）。

表 7-1 中国电商平台类型

类型	电商平台
分销型电商	淘宝、京东、云集、有赞
拼购型电商	拼多多
内容型电商	小红书、宝宝树、快手、喜马拉雅

以淘宝赞助搜索广告的投放为例，广告主根据产品选择和设置关键字，参与关键字的竞价进行排名展示，平台方按照用户点击的次数进行扣费。具体而言，如某广告主想要投放一款产品的推广广告，首先选择好合适的关键字，然后在直通车计划中设置该产品对应的关键字，以及添加产品的主图和标题。当用户在淘宝平台通过搜索的方式搜索商品时，该广告主的产品就会有可能被展示在用户的前面。用户通过搜索在产品直通车展示位置中看到该广告主的产品并点击之后，淘宝系统就会根据设置的关键字进行出价的扣费。

赞助搜索广告中，广告主通常注重提高产品的展现量（impression），因为能够让更多的用户看到产品，给自家的产品带来更多的流量。但是，追求更高的展现量只能让更多用户看到自家的产品，没有办法让用户点击并购买产品。如果忽略对用户消费偏好的了解，盲目设置关键字，可能浪费预算的同时并不能取得良好的转化率。广告主必须考虑平台面向的市场，详细了解目标用户，通过用户特征画像，根据产品属性，选择相关性高的关键字投放。

根据用户画像特征，平台用户群体可以考虑使用性别、年龄、地域、学历、爱好等特征标签进行群体划分，每种特征标签的标尺还可以细化，广告主也可以根据产品特性增加特征标签，以求关键字的定位群体更加精准。更重要的是，随着社会发展，用户在生活方式、心理认知、消费习惯等方面都会发生变化，这就要求广告主能及时捕捉这些变化并做出调整。以性别统计标签为例，讨论开发性别统计数据的切入点是对目前经常混淆的两个词进行

---

① https：//www.nielsen.com/cn/zh/，《尼尔森消费者与零售趋势分享》，2019 年 8 月。

区分：生理性别（sex）和社会性别（gender），有时候生理性别（男性和女性，male and female）和社会性别（男性化和女性化，masculine and feminine）的简单分类看起来似乎是一回事，但实际上并不相同，生理性别指的是用于界定男性和女性的相对固定的生理特征，社会性别指的是相对变化的社会建构的角色、行为和特质，取决于特定社会对于男性和女性的看法[①]。社交网站"脸书"（Facebook）在 2014 年就更新了提供给用户的性别选项，除了传统的男 / 女，还有 56 种新的非传统性别可供选择[②]（表 7-2）。除了性别标签，职业、地域、爱好等都可能出现和过去不同的变化，这就要求广告主能及时发现并做出调整。

表 7-2　Facebook 提供的性别标签

Facebook 提供的 56 种新非传统性别
1.Agender　2.Androgyne　3.Androgynous　4.Bigender　5.Cis　6.Cis Female　7.Cis Male　8.Cis Man　9.Cis Woman　10.Cisgender　11.Cisgender Female　12.Cisgender Male　13.Cisgender Man 14.Cisgender Woman　15.Female to Male　16.FTM　17.Gender Fluid　18.Gender Nonconforming 19.Gender Questioning　20.Gender Variant　21.Genderqueer　22.Intersex　23.Male to Female 24.MTF　25.Neither　26.Neutrois　27.Non-binary　28.Other　29.Pangender　30.Trans　31.Trans Female　32.Trans Male　33.Trans Man　34.Trans Person　35.Trans Woman　36.Trans* 37.Trans* Female　38.Trans* Male　39.Trans* Man　40.Trans* Person　41.Trans* Woman 42.Transfeminine　43.Transgender　44.Transgender Female　45.Transgender Male　46.Transgender Man　47.Transgender Person　48.Transgender Woman　49.Transmasculine　50.Transsexual 51.Transsexual Female　52.Transsexual Male　53.Transsexual Man　54.Transsexual Person 55.Transsexual Woman　56.Two-spirit

本章的研究通过特征标签来划分用户群体（表 7-3），可以根据广告主在不同平台上的用户群体的特点和营销需求进行特征标签的分类和分层，图 7-1 展示了手机行业用户特征标签的具体分类和层级。根据不同广告主的标签分

---

① 来自世界卫生组织的网站：http：//www.who.int/gender/whatisgender/en/index.html。

② 参考"脸书"：https：//theweek.com/articles/450873/facebook-offers-users-56-new-gender-options-heres-what-mean。

类和分级情况建立分层模型，从每个平台用户细分群体的消费偏好方面来评估关键字层面的表现效果，以取代关键字的一般指标，从而更精准地获得广告推广效果。关键字的常见指标包括展现量、点击率、每次点击费用和平均排名等信息。这些指标中，CTR即每多少次展示会有1次点击，更确切地说是每次展示会带来多少次点击。毫无疑问，如果用户对搜索结果页面广告没有兴趣，是不会点击的，该指标可以用于表现用户对广告的偏好，而且关键字的其他指标（如CPC）受到该指标的影响，因此对CTR考虑平台用户群体的具体特征粒度能更加精确地得到每个关键字的综合表现，在这个层面上进行关键字选择将更加贴合每个平台的市场实际情况，帮助广告主提升广告投放定位的精准性，最终实现更优化的广告推广效果。

表 7-3　可供广告主选择的用户特征标签

用户特征标签	细分标签
性别	男、女、跨性别（Transgender）等
年龄	20岁以下、20 ～ 30岁、30 ～ 40岁、40岁以上
地域	按大区划分：华北地区、华中地区、华东地区、华南地区、西北地区、东北地区、西南地区 按省份划分：河北省、山西省、辽宁省、吉林省、黑龙江省等
学历	初等教育：小学 中等教育：初级中学、高级中学（普通高级中学、职业高中、中等专业学校、技工学校） 高等教育：大学专科、大学本科、硕士、博士
爱好	运动类：足球、篮球、网球、排球、羽毛球、乒乓球、游泳等 文艺类：绘画、刺绣、读书、品茶等 ……

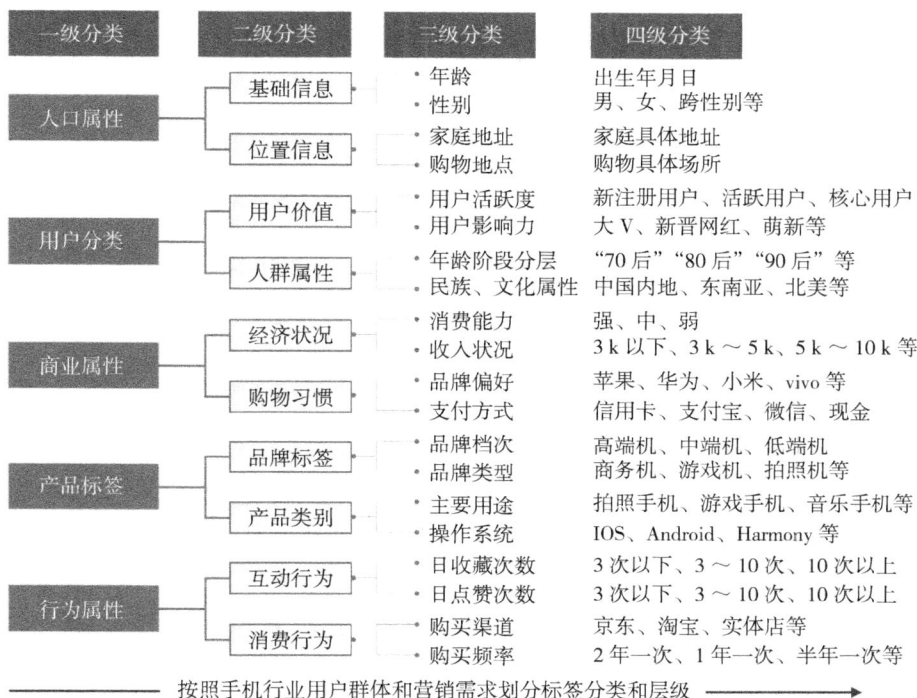

一级分类	二级分类	三级分类	四级分类
人口属性	基础信息	· 年龄 · 性别	出生年月日 男、女、跨性别等
	位置信息	· 家庭地址 · 购物地点	家庭具体地址 购物具体场所
用户分类	用户价值	· 用户活跃度 · 用户影响力	新注册用户、活跃用户、核心用户 大 V、新晋网红、萌新等
	人群属性	· 年龄阶段分层 · 民族、文化属性	"70后""80后""90后"等 中国内地、东南亚、北美等
商业属性	经济状况	· 消费能力 · 收入状况	强、中、弱 3 k 以下、3 k ~ 5 k、5 k ~ 10 k 等
	购物习惯	· 品牌偏好 · 支付方式	苹果、华为、小米、vivo 等 信用卡、支付宝、微信、现金
产品标签	品牌标签	· 品牌档次 · 品牌类型	高端机、中端机、低端机 商务机、游戏机、拍照机等
	产品类别	· 主要用途 · 操作系统	拍照手机、游戏手机、音乐手机等 IOS、Android、Harmony 等
行为属性	互动行为	· 日收藏次数 · 日点赞次数	3 次以下、3 ~ 10 次、10 次以上 3 次以下、3 ~ 10 次、10 次以上
	消费行为	· 购买渠道 · 购买频率	京东、淘宝、实体店等 2 年一次、1 年一次、半年一次等

按照手机行业用户群体和营销需求划分标签分类和层级 ⟶

图 7-1　手机行业的用户特征标签分类和层级

本书的关键字选择方法为广告主的调整预留了空间，广告主可以方便地增加、删减或改变用户特征标签，每种特征标签的内部划分也能随时进行调整，方便广告主随时紧跟市场变化的步伐调整关键字选择方案。

7.3　基于多平台用户特征的关键字选择

本书建立一个分层的贝叶斯模型来研究考虑不同用户群体特征的关键字 CTR 指标，并在此基础上提出一种平衡品牌推广和利润的关键字选择策略。

7.3.1　非参数层次贝叶斯关键字 CTR 模型

以年龄、地域、性别、受教育程度等特征标签来为用户进行群体划分，引入不同细分群体的表现数据，运用分层贝叶斯模型估计得出每个关键字

CTR 的综合值。

在真实的赞助搜索广告环境下，广告主的数据是混合高斯分布的数据集，聚类数量未知且服从概率分布，参数不确定。传统上针对高斯混合模型（gaussian mixture models）进行估计，常用的方法包括层次聚类（hierarchical clustering，如层次凝聚法 hierarchical agglomerative clustering，HAC），估计后再进行人为剪枝。贝叶斯估计模型的参数识别和估计问题一直具有挑战性（Tu et al.，2018），为了避免主观因素（如人为规定类别数量、人为进行剪枝）产生的影响，本书运用非参数贝叶斯模型。狄利克雷过程（dirichlet process，DP）的优势是用于建立混合模型时，其类别数量无须人工设定，是由模型自主学习的，对于缺乏先验知识的数据处理效果更好（Salakhutdinov et al.，2012）。非参数分层贝叶斯模型通过样本学习类别，或学习相似性度量，广泛运用于机器学习，尤其是涉及多类别的大规模问题和高维自然图像数据时（Liu et al.，2018）。

本节提出非参数层次贝叶斯关键字 CTR（nonparametric hierarchical Bayesian keyword–CTR，NHBKC）模型采用三级生成过程来研究细分群体用户的广告点击行为（Teh et al.，2006；Kim et al.，2007；Srijith et al.，2017），并以此估计出每个关键字的 CTR 综合值。顶层（全局层）是单个关键字 CTR 的联合分布，它是来自多个用户分类特征标签的联合估计。中间层是对包括用户分类特征的总标签的随机测度（random measure），这些测度是从 Dirichlet 流程中提取的。底层为每个细分标签定义了随机测度。DP 中基本测度（base measure）是全局级别的随机测度，底层级别的基本测度是中间层的随机测度的混合。结合用户应对赞助搜索广告的实际场景构造为 DP，在 Gibbs 采样的框架下估计出结果。

DP 的定义如下（Ferguson，1973；Teh et al.，2006）：

存在测度空间 Θ，假设 G_0 是该空间的随机概率分布，则空间 Θ 上的概率分布 G 如果满足以下条件：

对测度空间 Θ 的任意一个有限划分 $T_1, \cdots, T_r$，参数 α_0 是正实数，均满足以下关系：

$$(G(T_1), \cdots, G(T_r)) \sim Dir(\alpha_0 G_0(T_1), \cdots, \alpha_0 G_0(T_r))。$$

则 G 服从由基分布（可被认为是基本测度）G_0 和浓度参数 α_0 组成的 Dirichlet 过程，即：

$$G \sim \mathrm{DP}(\alpha_0,\ G_0)。$$

Dirichlet 过程表明，从 $\mathrm{DP}(\alpha_0,\ G_0)$ 抽取的平均值将以 $(G_0(T_1),\ \cdots,\ G_0(T_r))$ 为中心，并且浓度参数 α_0 确定样本与基分布的平均偏差。从关键字 CTR 模型的角度来看，可以将其视为某关键字的多个用户分类特征标签中所有可能特征标签数据分布的集合，而 G 是该集合之上的概率分布。若我们考虑人群特质差异因素对群体细分的影响，则 $(G_0(T_1),\ \cdots,\ G_0(T_r))$ 可以看作差异因素导致的用户群体细分，可以得到人群特质差异因素上的群体细分分布。Dirichlet 过程体现了非常好的聚合性（agglomerative property）。

该模型的 Dirichlet 过程可以通过中国餐馆（CRP）算法构造得以实现。CRP 算法是概率中的一种理论算法，由 Jim Pitman 和 Lester Dubins 在 1983 年提出（Aldous，1985），以顾客选择中餐厅餐桌就座的比喻来模拟一个离散的随机过程，通常用于解释 Dirichlet 过程的聚类过程。该算法假设一个中国餐馆中可以有无限张餐桌，顾客一个接一个地到达并按照一定的规则坐在餐桌上，第一位顾客坐了第一张桌子，对于第 i 个顾客按照下面的规则来选择桌子坐下：因为聚集效应，大多数顾客会选择去人多的餐桌；去新餐桌的可能性也是存在的，去一张新的餐桌的概率取决于"心情"，由公式中的 α_0 决定。第 i 个客户选择一个新的未占用餐桌的概率为 $\dfrac{\alpha_0}{\alpha_0 + i - 1}$，选择已占用餐桌的概率为 $\dfrac{num_k}{\alpha_0 + i - 1}$，其中 num_k 是坐在该餐桌上的顾客数量，$i-1$ 表示在这个顾客坐下之前，餐馆中已有的顾客总数。设 Z_i 为指示因子，则第 i 个客户选择第 k 个餐桌的概率为：

$$p(z_i = k) = \begin{cases} \dfrac{num_k}{\sum_t \alpha_0 + num_k}, & \text{选择已占用餐桌} \\[3mm] \dfrac{\alpha_0}{\sum_t \alpha_0 + num_k}, & \text{选择未占用餐桌。} \end{cases} \qquad (7\text{-}1)$$

图 7-2 展示了 CRP 算法构造的过程。δ_i 表示顾客，ϕ_k 表示餐桌，一位新

顾客走进餐馆时，餐馆有 3 张餐桌（ϕ_1、ϕ_2、ϕ_3）上已经有顾客，另有一张餐桌 ϕ_4 是空的，那么该顾客选择哪张餐桌就座的概率由公式（7–1）决定。

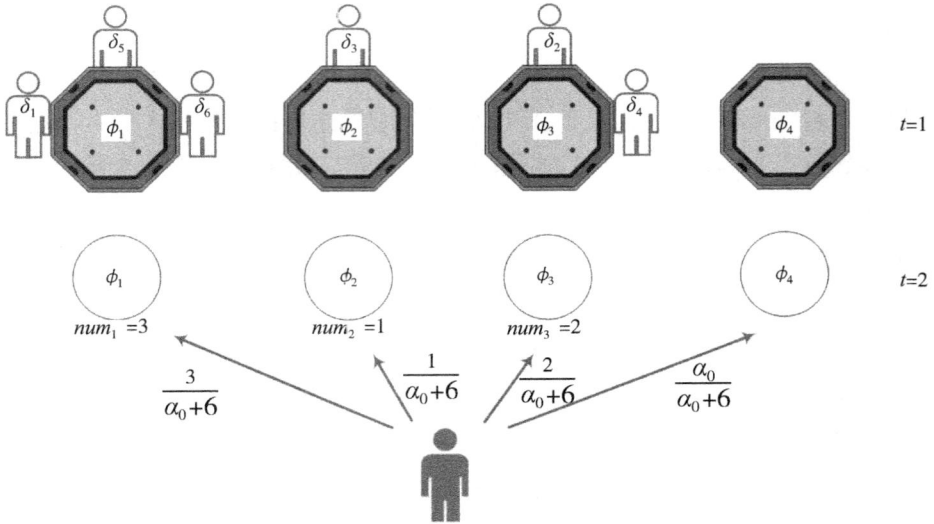

图 7-2　CRP 算法的构造过程

回到赞助搜索广告的实际情景，当用户在平台输入搜索关键字后，会跳转到搜索结果页面，广告将按照竞价规则呈现在广告位上。用户选择哪个广告点击同样受到聚集效应影响，也就是存在很大可能性：在不同广告位展现的是相似商品的情况下，用户会倾向于点击购买人数、浏览人数或好评人数更多的广告。但是用户点击人数少的广告的可能性同样存在，这与 CRP 算法构造的过程类似。

为了模拟用户细分群体对关键字 CTR 的影响关系，本节的 NHBKC 模型从标准 Dirichlet 过程 DP（α_0，G_0）采样估计全局随机测度 G。每个细分标签 d 对应于一个特定的随机测度 G_d^D，每个总标签也对应一个特定的随机测度 G_l^L。图 7-3 提供了 NHBKC 分层贝叶期三层结构模型图。

NHBKC 模型是具有三层随机测度的分层贝叶斯模型。顶层（全局层）设定全局随机测度 G 从标准 Dirichlet 过程 DP（α_0，G_0）得出，设定基分布 G_0 是在特定的标签空间上关键字 CTR 考虑多个分类特征标签的对称 Dirichlet 分

布。中间层（总标签层）中，设定了一组 DP 分布随机测度（G_0^L，G_1^L，…，G_L^L），其中可能有 L 个总标签服从 $G_l^L|\alpha_G$，$G \sim \text{DP}(\alpha_G, G)$，基分布 G 通过全局获得，浓度参数 α_G 控制 G_l^L 的分散性。我们通过为每个总标签设置一个随机测度来设定一个无限的分布空间。因为随机测度 G 是离散的，所以模型可确保在三层之间共享每个标签的分布。因此，可以假定一个总标签可由多个细分标签生成，而传统的贝叶斯模型没有很好地解决元数据的这种情况。在底层（细分标签级别），为 D 个细分标签设定了一组 DP 分布随机测度（G_0^D，G_1^D，…，G_D^D），其将多个随机测度的混合作为 Dirichlet 过程的基分布。

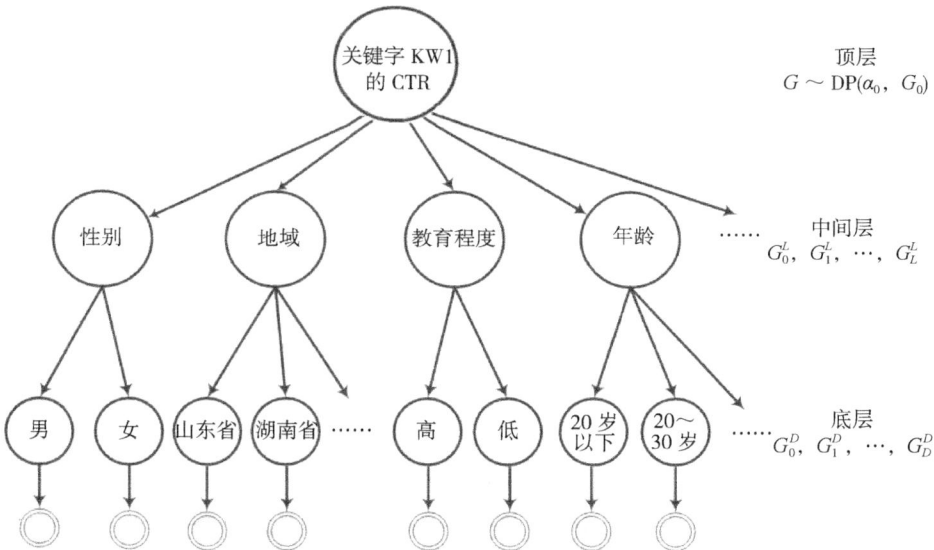

图 7-3　NHBKC 分层贝叶斯三层结构模型

第一阶段，在底层考虑观测关键字按照用户群体标签细分的 CTR 表现数据，这是一个有 N 个独立同分布的输入特征向量 $\{x^1, \cdots, x^N\}$，$x^n \in R^H$，H 是特征的维度。假定这 N 个特征向量被分配到底层的 D 个细分标签，通过一个长度为 N 的向量 z^b 来表示这种分配关系，$z_n^b \in \{1, \cdots, D\}$。对于任一细分标签 d，假设其观测到的特征向量服从 Beta 分布 $\text{B}(\gamma, \zeta)$，见公式（7-2）。

$$p(x^n|z_n^b=d, \boldsymbol{\vartheta}^1) = \prod_{h=1}^H B(x_h^n|\gamma_h^d, \zeta_h^d)。 \tag{7-2}$$

其中，$\vartheta^1 = \{r^d, \zeta^d\}_{d=1}^D$ 表示底层的细分标签参数。

第二阶段，假定 D 个细分标签属于 K 个总标签，通过一个长度为 C 的向量 z^s 来表示这种从属关系，$z_d^s \in \{1, \cdots, K\}$。对于 $\{\gamma^d, \zeta^d\}$，假定其服从 Gamma 分布，则底层的细分标签 d 属于中间层的总标签 k，可以用 $k = z_d^s$，$\vartheta^2 = \{\{(\gamma^k, \zeta^k, \delta^k, \tau^k)\}_{k=1}^K$ 来表示中间层的参数，见公式（7-3）。

$$p(\gamma^d, \zeta^d | \vartheta^2, z^s) = \prod_{h=1}^H B(\gamma_h^d, \zeta_h^d | \vartheta^2, z^s)。 \tag{7-3}$$

对于每个维度 h，见公式（7-4）。

$$p(\gamma_h^d, \zeta_h^d | \vartheta^2) = p(\gamma_h^d | \zeta_h^d, \vartheta^2) p(\zeta_h^d, \vartheta^2) = B(\gamma_h^d | \gamma^k, \zeta_h^d) \Gamma(\zeta_h^d | \delta_h^k, \tau_h^k)。 \tag{7-4}$$

其中：

$$\Gamma(\zeta | \delta^k, \tau^k) = \frac{\tau^{k\delta^k}}{\Gamma(\delta^k)} \zeta^{\delta^k-1} \exp(-\tau^k \zeta)。 \tag{7-5}$$

且假设有下列的先验：

$$p(\gamma_h^k) = \Gamma(\delta_{10}, \tau_{10})$$
$$p(\zeta_h^k) = \Gamma(\delta_{20}, \tau_{20})$$
$$p(\delta_h^k) = \Gamma(\delta_{30}, \tau_{30})$$
$$p(\tau_h^k) = \Gamma(\delta_{40}, \tau_{40})。 \tag{7-6}$$

无参数的先验可以使得在监督或无监督模式下的任何时候都能够生成新的标签类别。NHBKC 模型主要分析基于 MCMC 采样（Sudderth，2006；Wang，2009）。考虑到互联网广告中，广告主可能面临大批量的用户画像数据需要处理，本节提出的模型充分利用 Dirichlet 过程良好聚类的性质，保证了模型估计的效率和效果。考虑到用户群体细分的动态性，该模型使用开放式结构，避免了预设标签数量和从属关系，当广告主从在线社交媒体动态地获知用户群体细分的最新变化时，模型可以方便快捷地在第一时间做出调整，估计出每个关键字的最新 CTR，有助于广告主及时调整关键字策略。

7.3.2 平衡品牌推广和利润的关键字选择策略

早在 20 世纪 60 年代，就有广告目标的相关研究（Frankel，1964）。广告的 3 个总体目标是告知、说服和提醒客户有关产品及其与竞争对手相比所带来的好处（Berthon et al.，2008；Familmaleki et al.，2015）。为实现这些整体目标，企业通常还有更具体的量化目标。面对一定时间范围内的广告活动，广告主可能具有直接目标，如达到预定销售量、实现利润额或扩大品牌知名度等。不同的广告目标使广告的内容、推广方式等有所区别，如告知性广告主要是提高对品牌、产品、服务和想法的认识；说服性广告试图说服用户肯定本企业产品的优势，改变用户的看法并提高公司或产品的形象，影响用户采取行动并更换品牌、尝试新产品或忠于当前品牌；提醒性广告目标是提醒或唤起用户有关产品或服务的需求，或及时购买产品或服务所带来的功能和好处。广告主应该结合广告目标设计投放策略。

在赞助搜索广告的实际推广活动中，由于不同投放平台的用户规模、群体跨度、平台功能及市场定位的差异，以及考虑到广告周期的具体目标，不同广告主对关键字选择结果的表现会有不同的要求。结合上一节中的 NHBKC 模型，可根据用户群体细分的最新变化估计出每个关键字的最新 CTR，本节提出一种平衡品牌推广和利润的关键字选择策略，通过引入调和参数将关键字选择的结果表现分为多个部分进行估算。广告主可以根据具体广告目标设置调和参数，并根据目标的变化调整参数，达到满足不同广告目标的要求。

假定广告主已经得到一个候选关键字集合（由本书前几章的关键字生成扩展方法得到），需要在多个平台分别选择关键字投放，关键字在每个平台的指标表现都不相同，每个关键字可以同时被多个平台选择，在广告主预算一定的情况下，构建关键字选择模型：

$$\text{Max} f(x) = b_{11}\left(a_{11}\sum_{j=1}^{M}\sum_{i=1}^{O}d_{ij}x_{ij} + a_{12}\sum_{j=1}^{M}\sum_{i=1}^{O}d_{ij}c_{ij}x_{ij}\right) + b_{12}\sum_{j=1}^{M}\sum_{i=1}^{O}d_{ij}c_{ij}(v_{ij}-p_{ij})x_{ij}$$

$$\text{s.t.} \sum_{j=1}^{M}\sum_{i=1}^{O}d_{ij}c_{ij}p_{ij}x_{ij} \leqslant B_0$$

$a_{11} + a_{12} = 1$

$b_{11} + b_{12} = 1$

$0 \leqslant a_{11},\ a_{12} \leqslant 1,\ 0 \leqslant b_{11},\ b_{12} \leqslant 1,\ d_{ij} \geqslant 0,\ 0 \leqslant C_{ij} \leqslant 1,\ v_{ij} \geqslant 0,$

$$p_{ij} \geqslant 0,\ x_{ij} \in \{0,\ 1\}$$

$$x_{ij} = \begin{cases} 1, & \text{第 } i \text{ 个关键字被选择到第 } j \text{ 个平台} \\ 0, & \text{其他} \end{cases} \qquad (7\text{-}7)$$

其中，M 是广告平台总数；O 是关键字总数；d_{ij} 是展示量；C_{ij} 是 CTR；v_{ij} 是

每点击价值；p_{ij} 是每点击成本（CPC）。

在公式（7-7）中，广告主关键字选择的目标是要求总预算在一定的限制下，实现总收益最大化。总收益由两个部分构成，第一部分体现了以品牌推广为广告目的，这一部分还进一步细分为关注展示量和关注点击量两个部分；第二部分体现了以净利润为广告目的。这两个部分，以及第一部分的细分，都分别引入了调节参数，用以反映广告主对不同广告目标的要求。广告主可以对调节参数进行设置，通过选择不同的关键字实现广告效果。这种关键字选择方法改变了以往研究中只考虑实现预算下利润最大化这个单一目标，帮助广告主实现最终广告效果的多元化。

7.4 实验及结果分析

7.4.1 实验数据

本章的研究得到了互联网广告营销服务商的数据支持。该服务商为上千广告主客户提供业务，业务涵盖了平台赞助搜索广告代理、信息流广告代理、社交整合营销、内容营销、移动广告平台等领域。实验的数据包含多家广告主在多平台开展赞助搜索广告的每日信息，广告主是中国在线 B2C 零售商，其产品类别包括服装、手袋、男女鞋、珠宝首饰等，通过服务商在 Google、百度、淘宝、Amazon 上刊登赞助搜索广告。数据集包含广告主自 2020 年 6—8 月以来的多个平台的赞助搜索广告相关指标。具体来说，包括来自 1163 个搜索关键字的 55 094 条观察结果。

每个搜索关键字的信息包括 3 个视角：关键字具体到细分群体的 CTR 分布（图 7-4），关键字级别的表现指标（如展示量、每点击价值、CPC 等）和收益效果。其中，关键字具体到细分群体的 CTR 数据来自服务商的后台大数据汇总分析，可展现样本中部分关键字多维度细分群体的 CTR 指标，包括性别、地域、教育层次、年龄指标，其中地域指标是按照中国大区进行的分类，每个大区还可以进一步按具体省份划分。这部分数据有助于帮助广告主分析相近聚类的关键字的重叠用户群体，如搜索关键字"geox 鞋"的用户中，点击广告的用户高度集中在 30 岁以下尤其是 20 岁以下的青少年用户群体，这些群体第一大地域来源是华北区，且教育程度高低对是否点击广告影响不大。另外，从饰品类关键字的 CTR 分省分布图中可以很直观地看出该饰品的主要用户群体来自长三角地区、环渤海湾、广东省、港澳地区、中部部分省市和川渝地区，这些数据可为广告主进行定向广告投放提供参考并为后续广告策略提供依据。

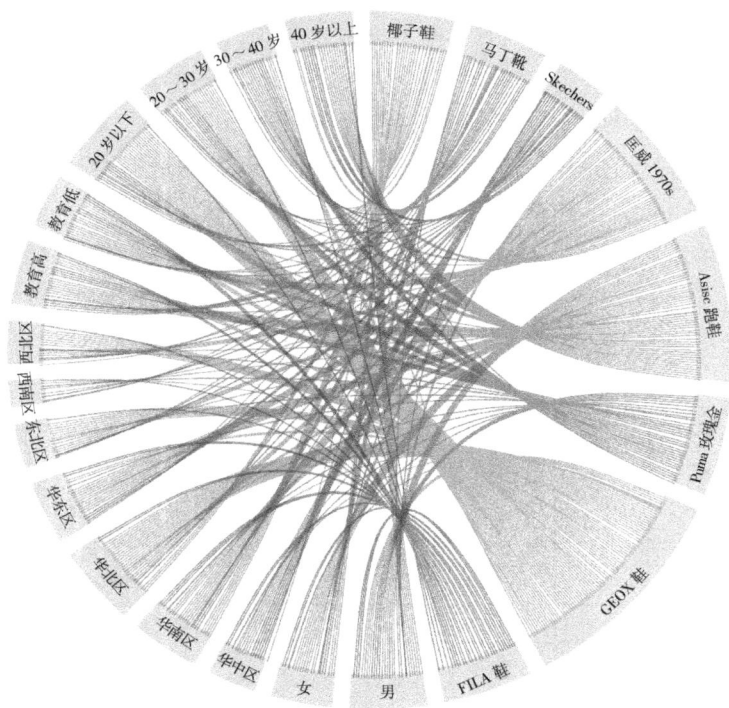

图 7-4　样本中部分关键字的多维度细分群体 CTR 分布
（关键字包括"椰子鞋""马丁靴""Skechers""匡威 1970s""Asics 跑鞋"
"Puma 玫瑰金""GEOX 鞋""FILA 鞋"，细分标签包括性别类、地域类、年龄类、教育类）

本章的实验从后台数据中获得 4955 个用户的不同广告 CTR 指标，然后根据用户注册账户信息对每个关键字按照用户特征标签进行分类汇总，用户特征标签主要包括以下四大类。

①性别：男、女。

②年龄：20 岁以下、20 ～ 30 岁、30 ～ 40 岁、40 岁以上。

③教育：高中 / 中专 / 中技及以下、大学专科 / 专科学校、大学本科、研究生。

④地域：中国 34 个省级行政区。

实验数据按用户特征标签集中的关键字 CTR 均值和标准差如表 7-4 所示。实验数据经搜集整理和脱敏处理后，在戴尔（DELL）Precision T7920 图形工作站完成实验，配置为 2* 银牌 4216 32 核 64 线程、64 G 内存、512 G SSD + 4 TB、显卡 RTX2080TI。整个关键字选择策略通过 R 语言和 matlab 编程实现。此外，实验通过设置多组调节参数，选择的关键字结果产生区别，这样可以比较分析不同广告目标下广告主的收益对比。考虑到实际广告活动的需求，本章的关键字选择策略能根据广告主的实际目标实现预算限制下的收益最大化。

表 7-4 　实验数据集中关键字 CTR 的均值和标准差

性别	男	女							
平均值	0.13	0.1108							
SD	0.099	0.0915							
年龄	20 岁以下		20 ～ 30 岁		30 ～ 40 岁		40 岁以上		
平均值	0.0464		0.1452		0.126		0.1193		
SD	0.2452		0.1615		0.2935		0.1674		
教育	高中 / 中专 / 中技及以下		大学专科 / 专科学校		大学本科		研究生		
平均值	0.0371		0.0924		0.1735		0.1927		
SD	0.2658		0.084		0.0928		0.1255		
地域	北京	上海	天津	重庆	江苏	湖北	湖南	安徽	内蒙古
平均值	0.263	0.2447	0.1827	0.1752	0.2041	0.162	0.1926	0.1525	0.0994
SD	0.1635	0.0991	0.1463	0.2473	0.0954	0.1075	0.147	0.2248	0.0958
地域	广西	广东	四川	宁夏	西藏	吉林	山东	江西	黑龙江
平均值	0.1536	0.1913	0.1826	0.0872	0.0439	0.1588	0.1624	0.1473	0.139
SD	0.1364	0.2467	0.0942	0.2568	0.1357	0.175	0.0986	0.0921	0.216

续表

地域	辽宁	陕西	云南	山西	新疆	贵州	河北	青海	河南
平均值	0.1442	0.1399	0.1453	0.1384	0.0871	0.1065	0.1508	0.0943	0.1428
SD	0.4617	0.172	0.0957	0.1766	0.1458	0.2315	0.0847	0.1963	0.2706
地域	浙江	福建	台湾	甘肃	海南	香港	澳门		
平均值	0.2468	0.1887	0.0541	0.0462	0.0954	0.0681	0.075		
SD	0.1913	0.2409	0.3775	0.0843	0.094	0.163	0.2844		

7.4.2　实验结果分析

本节首先运用 NHBKC 模型对每个关键字在多个平台具体到细分群体的 CTR 数据集进行估计，得到每个关键字在不同平台的 CTR 均值，这个结果考虑了平台的用户细分群体的特征指标。本节展示了某电商平台衣饰类广告主，运用了本章的关键字选择策略筛选出的指数排名靠前的部分关键字的估计结果，包括密度分布（图 7–5 ～图 7–9）、直方图（图 7–10 ～图 7–14）、均值（图 7–15 ～图 7–19）。

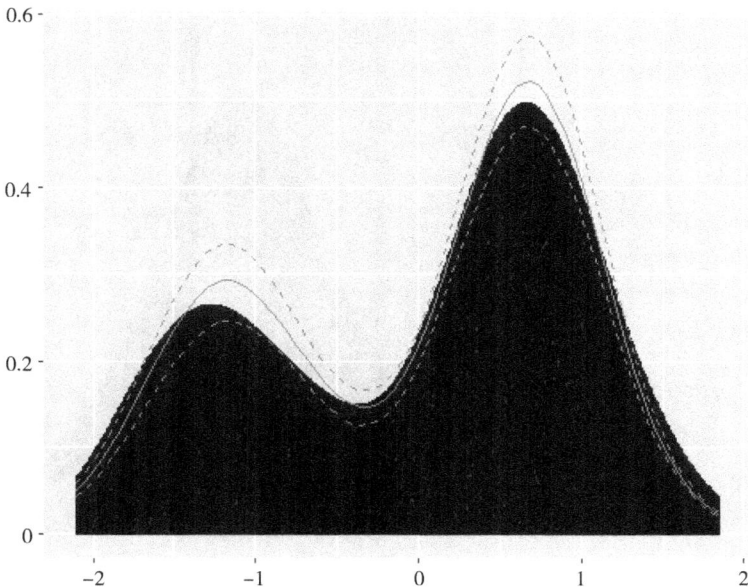

图 7–5　关键字 1 的 CTR 估计值的密度分布

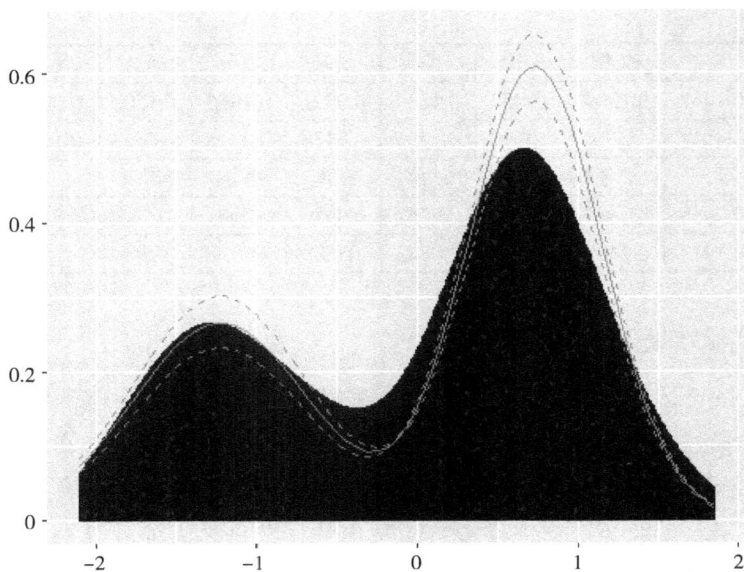

图 7-6　关键字 2 的 CTR 估计值的密度分布

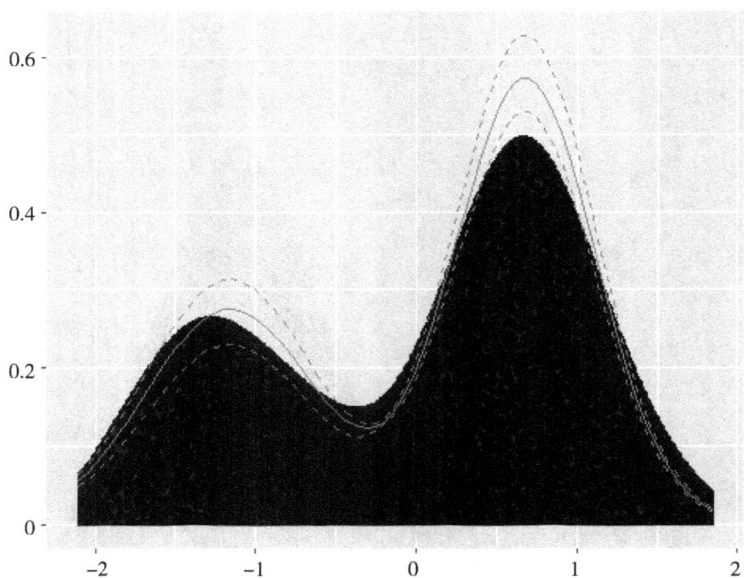

图 7-7　关键字 3 的 CTR 估计值的密度分布

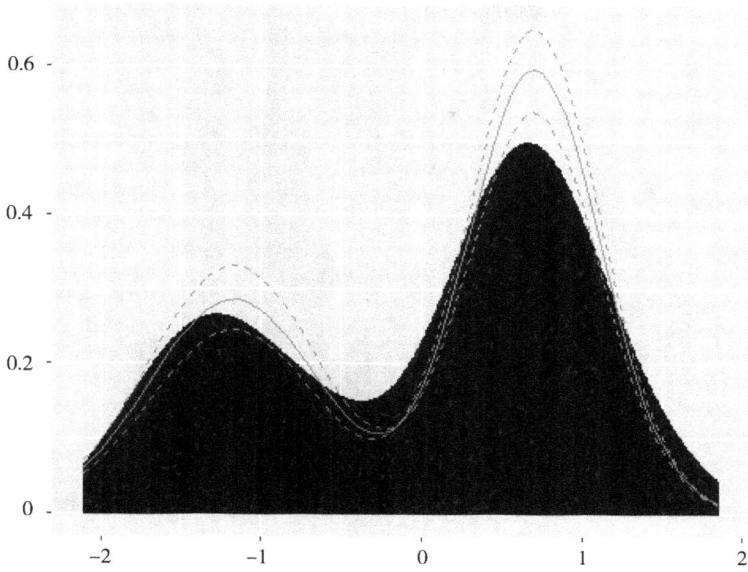

图 7-8　关键字 4 的 CTR 估计值的密度分布

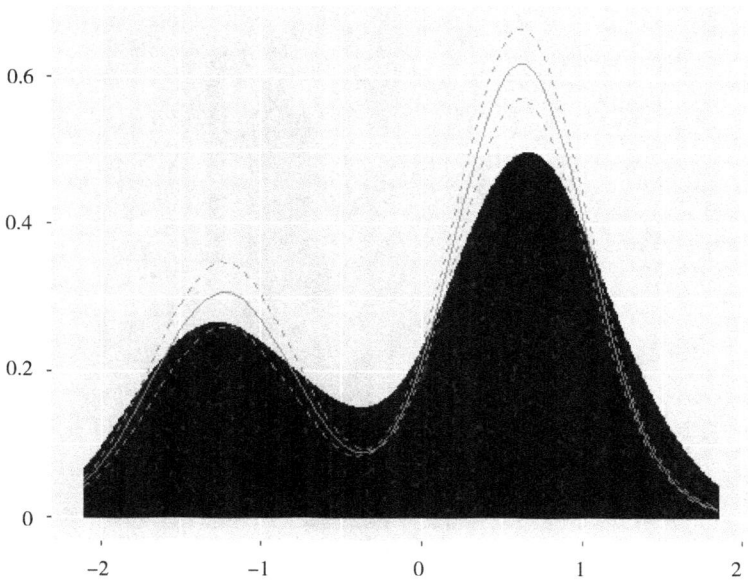

图 7-9　关键字 5 的 CTR 估计值的密度分布

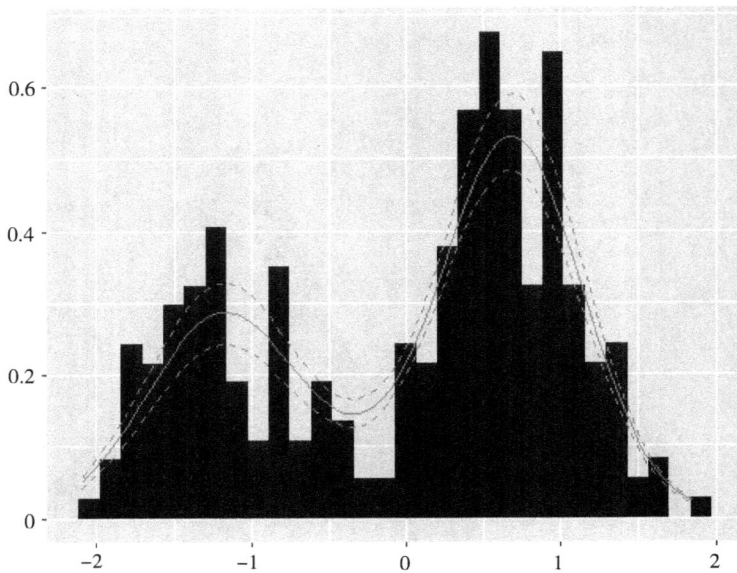

图 7-10　关键字 1 的 CTR 估计值的直方图

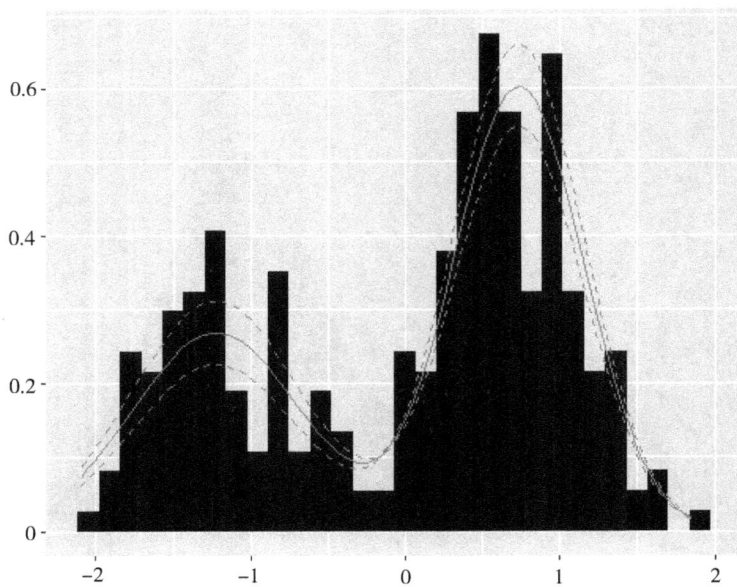

图 7-11　关键字 2 的 CTR 估计值的直方图

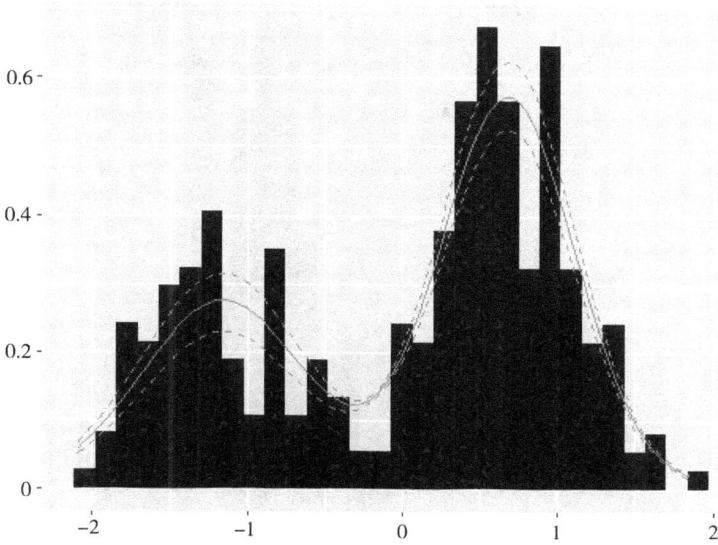

图 7-12　关键字 3 的 CTR 估计值的直方图

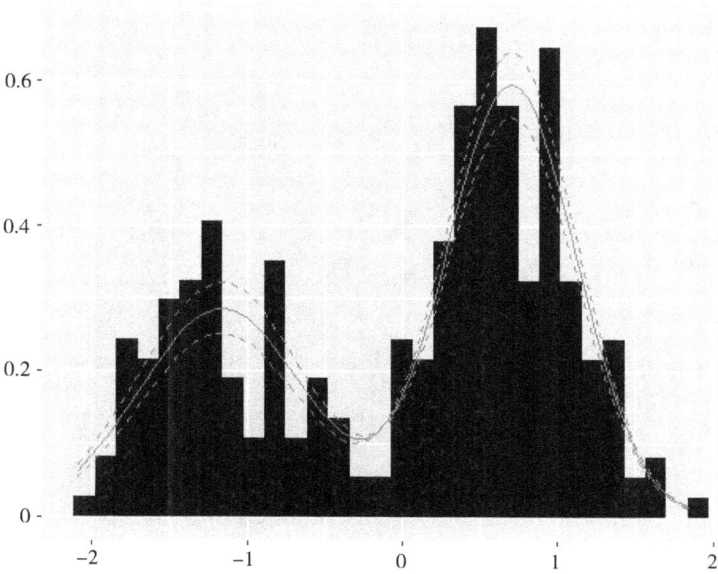

图 7-13　关键字 4 的 CTR 估计值的直方图

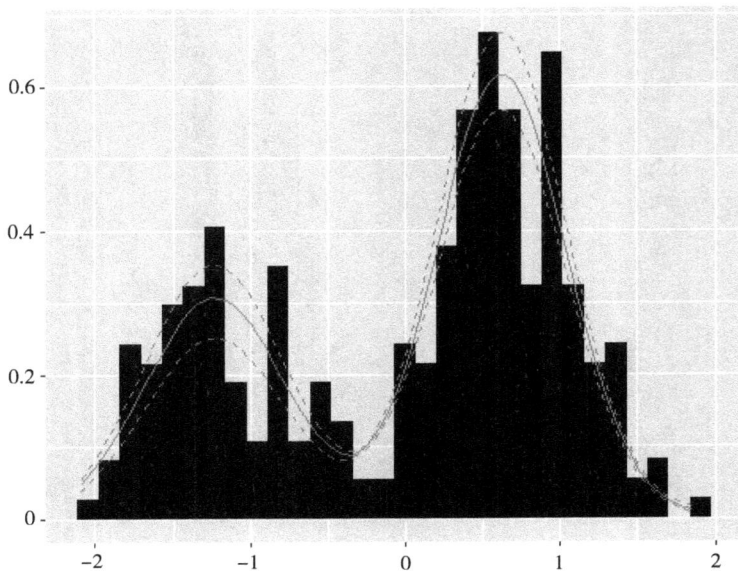

图 7-14　关键字 5 的 CTR 估计值的直方图

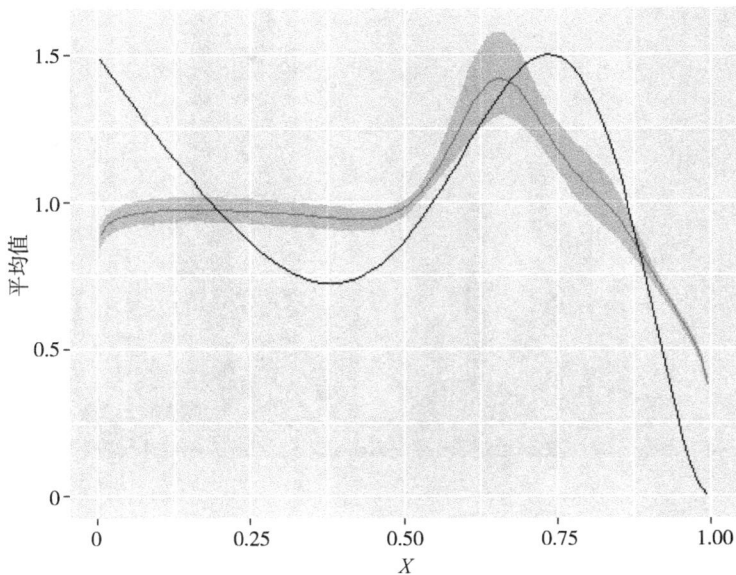

图 7-15　关键字 1 的 CTR 均值

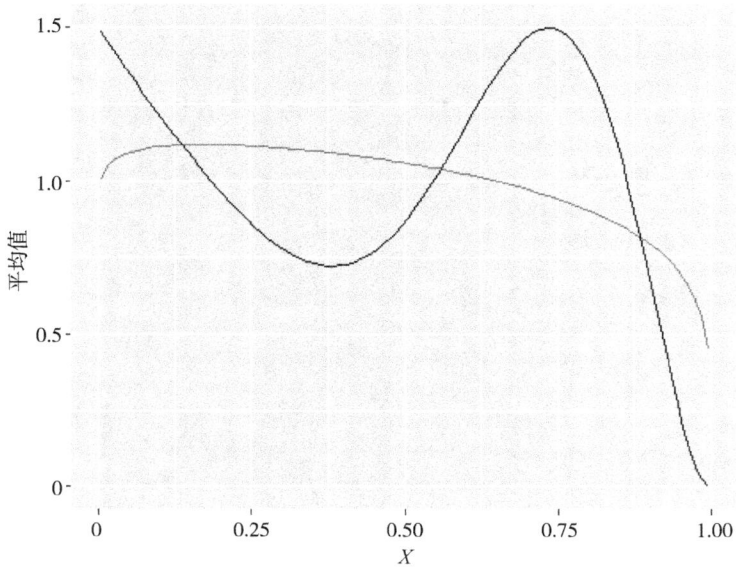

图 7-16　关键字 2 的 CTR 均值

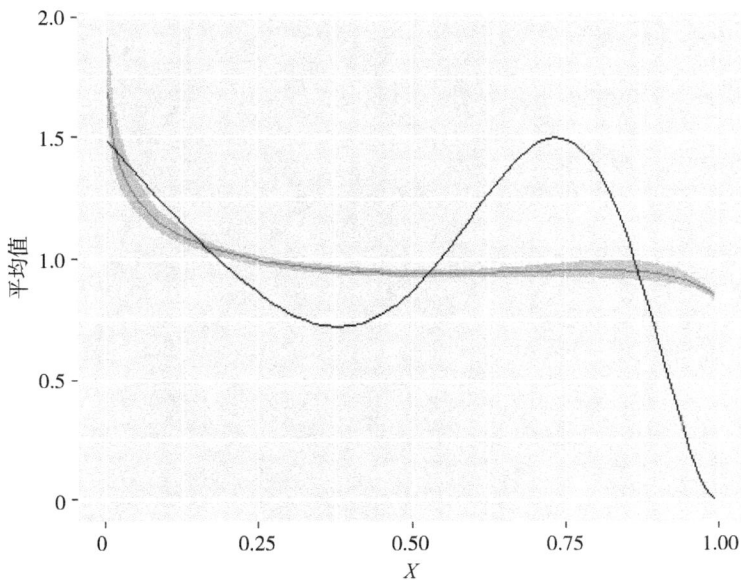

图 7-17　关键字 3 的 CTR 均值

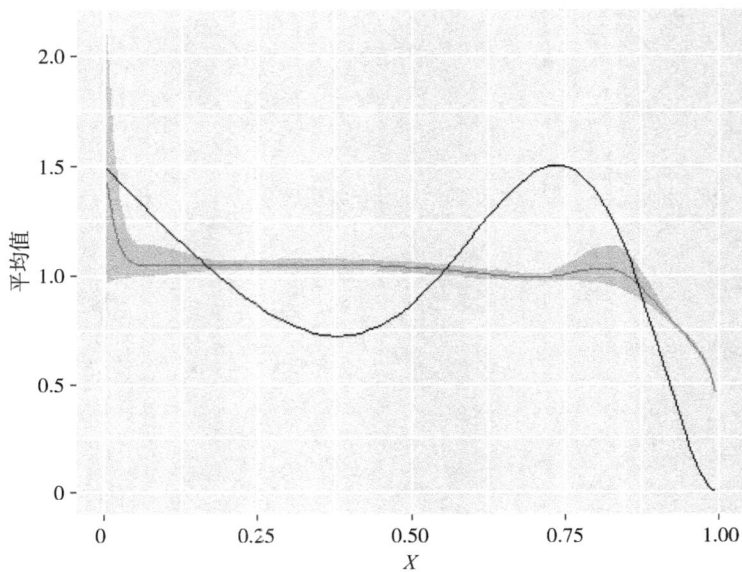

图 7-18　关键字 4 的 CTR 均值

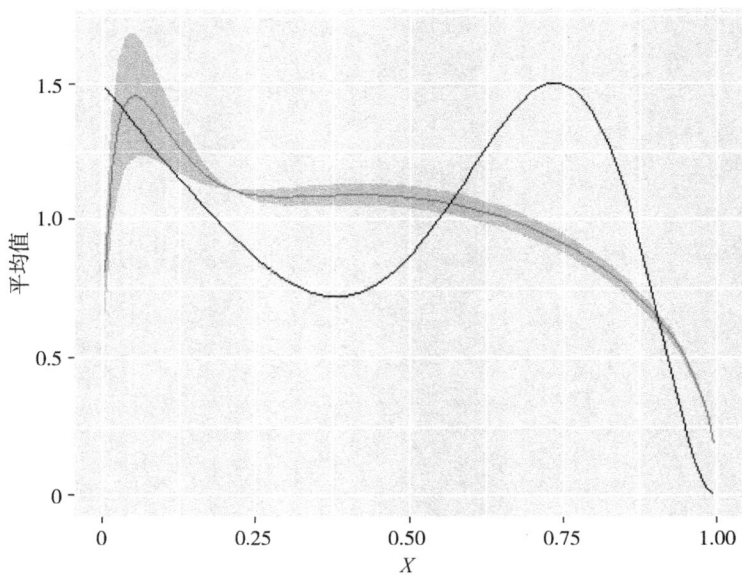

图 7-19　关键字 5 的 CTR 均值

从表 7-5 中可以看到样本中部分关键字 CTR 的估计均值。本章在以下情景中求解关键字选择模型：广告主预算限定且在多平台之间自由分配，广告主需要在候选关键字集合中进行选择，每一个关键字在一个平台最多只能被选择一次，而且单个关键字要么入选要么舍弃；同一关键字可以被多个平台同时选择。模型求解的最终目标是在限定预算的条件下使被选取的关键字集合的总效益最大。

表 7-5　样本中部分关键字 CTR 估计结果

关键字	dp.alpha	平均值	sd.	sample	MC 误差
关键字 1	0.024 133	0.250 736	0.198 194	1000	1.326 761
关键字 2	0.024 751	0.269 521	0.209 215	1000	1.638 084
关键字 3	0.129 354	0.309 629	0.192 057	1000	1.435 28
关键字 4	0.086 111	0.231 545	0.163 1	1000	1.730 418
关键字 5	0.285 484	0.217 573	0.174 077	1000	1.580 966

实验设定 3 个广告主，以 1 个月为周期，设定每个广告主每周预算 5 万元，总预算 20 万元。假设 3 个广告主的广告目标是偏向追求净利润，设定 $a_{11}=0.3$，$a_{12}=0.7$，$b_{11}=0.2$，$b_{12}=0.8$。图 7-20 显示了运用本章方法后广告主选择的关键字数量。未使用本章方法（pre-treatment）之前，广告主选择服务商运用公司自有方法推荐的关键字，图 7-21 对比了广告主分别采用服务商方法和本章方法选择关键字（post-treatment）之后的总展示量（单位：万次）、平均购买转化率和 ROI 的变化。从图中可以清晰地看到，使用本章方法后，虽然广告主的总展示量略有下降，但所有广告主的转化率都有提升。现在广告主都非常注重广告投放精准度，希望自己公司有限的广告投入尽量不浪费。广告投放并不是投资的钱越多效果就越好，尤其是对传统企业而言，在老生常谈的"选对投放平台""锁定精准受众"之外，更需要关注如何提升转化率这一问题。此外，图 7-21 中值得注意的是 ROI 的大幅增加，说明本章的关键字选择方法能很好地捕捉用户群体的实际需求，满足广告主更高的利润要求。

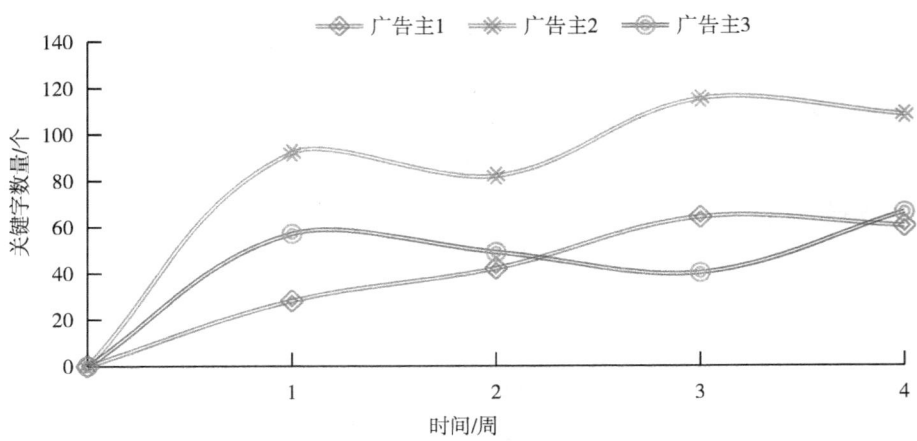

图 7-20 3 个广告主选择关键字的数量

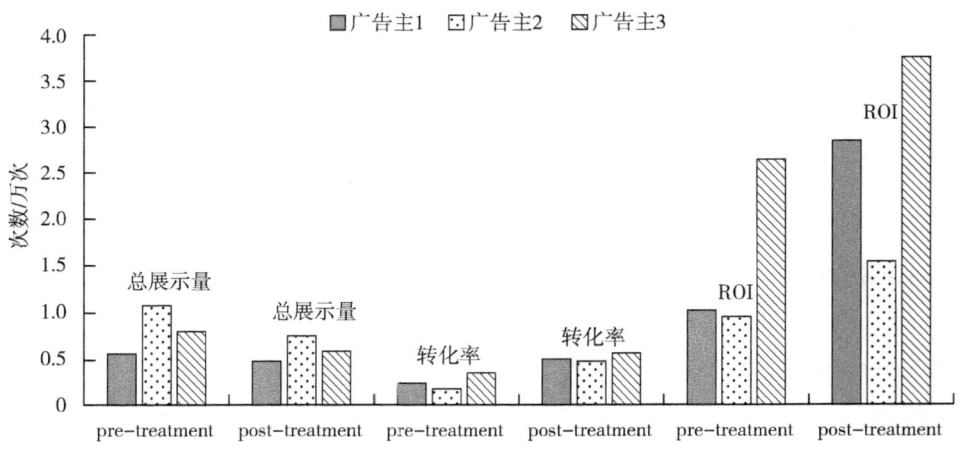

图 7-21 广告效果指标对比

本章方法将总收益分为两个部分，第一部分体现了以品牌推广为广告目的，这一部分还进一步细分为关注展示量和关注点击量两个部分；第二部分体现了以净利润为广告目的。分别引入了调节参数，用以反映广告主对不同广告目标的要求。前面的实验中，广告主主要广告目的是追求更高利润，接下来的实验是以品牌推广为主要目的对调节参数进行设置，比较不同的调节参数对广告效果的影响。设定 $a_{11}=0.8$，$a_{12}=0.2$，$b_{11}=0.9$，$b_{12}=0.1$。图 7-22

对比了广告主分别采用服务商方法和本章方法之后的总展示量、总点击量的变化，可以发现这两大指标均有成倍的增长，表现了本章方法在扩大广告主品牌和商品知名度方面的优势。

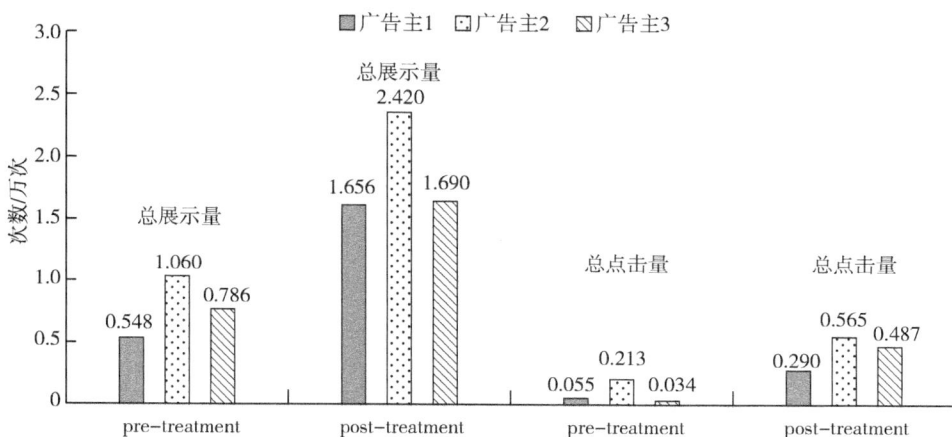

图 7-22　广告主在品牌推广方面的效果对比

在以品牌推广为广告目的的情况下进一步细分为关注总展示量和关注总点击量，为了比较这两个部分，设定 $b_{11}=0.9$、$b_{12}=0.1$ 不变，a_{11}、a_{12} 分别取 10 组不同值，观察总展示量、总点击量的变化。图 7-23 对比了广告主采用 a_{11}、a_{12} 不同取值之后总展示量、总点击量的变化，可以发现随着 a_{11} 的增加，广告主能得到更高的总展示量；a_{12} 取值更高时，广告主的总点击量更高。这一组对比结果表明，无论广告主追求高展示量以提高广告曝光度，还是追求点击量来抓紧潜在消费群体，本章方法都能提供相应的帮助。

本章实验通过多维度证明了本书的多平台关键字选择策略的优势。实验目的是实现在总预算相同的情况下总收益最大，总收益包括品牌推广效果（由展示量和点击量来表示）和净利润这两方面。首先对比了广告主偏向追求净利润的情况，分别采用平台推荐方法和本书策略选择关键字之后总展示量（单位：万次）、平均购买转化率和 ROI 的变化，其中前两大指标表示了品牌推广效果，ROI 用于衡量净利润，实验结果可以发现本书的关键字选择方法能满足广告主更高的利润要求。第二部分实验比较调整调节参数后对广告效果的影响，在广告主偏向追求品牌推广效果的情况下，分别采用平台推荐方法和本书策略之后总展示量、总点击量均有成倍的增长，表现了本章方法在扩大广告主品牌和商品知名度方面具有优势。为了进一步证明本书策略在平衡广告主实现品牌推广和利润这两大广告目标方面的有效性，第三部分的实验在展示量和点击量的广告效果之间还可以进行微调，通过进一步调整参数对比结果表明，无论广告主追求高展示量以提高广告曝光，还是追求点击量来抓紧潜在消费群体，本书策略都能提供相应的帮助。

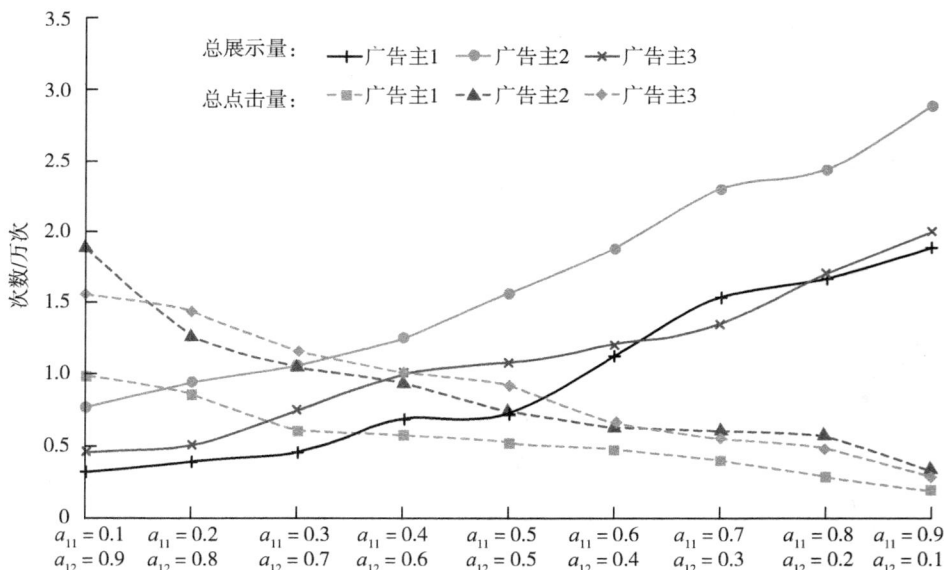

图 7-23 广告主分别关注总展示量和总点击量的效果对比

7.5 本章小结

随着互联网的发展，在线广告中不同媒体、平台和渠道的结合令广告主认识到在预算允许的情况下选择多个平台进行赞助搜索广告投放能提高销售量、扩大品牌和产品的用户群体覆盖面。但是，不同广告主的要求不一样，多平台赞助搜索广告究竟怎样进行策略优化才能在实现广告预期目标的前提下降低广告成本，这是值得广大赞助搜索广告从业者和相关研究人员关注的问题。

当前的研究进行关键字选择时只考虑单一平台情况，因此当广告主面对多平台时基于现有方法的结果有效性较低。本章建立一个分层的非参数贝叶斯估计模型来考虑多平台环境中不同平台用户群体特征的关键字 CTR 指标，将每个关键字 CTR 的估计过程构建为 CRP 算法构造的 Dirichlet 过程，并在此基础上提出一种平衡品牌推广和利润的关键字选择策略。

本章建立了一个分层的非参数贝叶斯估计模型来考虑不同用户群体特征的关键字 CTR 指标，并在此基础上提出一种平衡品牌推广和利润的关键字选择策略。以往的研究中，广告主在多个平台进行广告推广活动时，往往只注重每个平台单独优化的效果，多平台之间缺乏联动因素。本章的关键字选择与以往研究有所不同，主要将平台用户细分群体与关键字相关的指标纳入考虑范围，考虑到平台之间用户不同特征群体的相似性，在预算相同的情况下，运用本章的方法进行跨平台关键字选择的整体效果优于每个平台单独选择。更重要的是，不同广告主的目标并不一定相同，有些广告主更加注重品牌推广的覆盖率而不是短时间的销量，本章的关键字选择策略可以在品牌推广与追求利润之间进行调节，以求满足不同广告主的个性化需求。

本章的多平台关键字选择策略进行了以下具体工作。首先，现有的赞助搜索广告的研究没有考虑广告主需要在多个电商平台进行关键字选择的现实情况。本书的研究考虑了不同电商平台用户细分群体与关键字相关的指标，这使得本书策略在不同平台环境下有着良好的普适性。其次，广告主在多个平台进行广告推广活动时，往往只注重每个平台单独优化的效果，没有考虑到多平台之间的联动，本书研究考虑了不同平台用户不同特征群体的情况，在预算相同的情况下进行跨平台关键字选择的整体效果优于每个平台单独选择。再次，不同广告主追求不同的广告目标，本书的关键字选择策略可以在品牌推广与追求利润之间进行调节，以满足不同广告主的个性化需求。最后，互联网时代消费者群体在不断变化，广告主需要能快速反映消费者变化的策略方法，本书的关键字选择方法为广告主的调整预留了空间，对于关键字的

CTR 估计，广告主可以方便地增加、删减或改变用户特征标签，每种特征标签的内部划分也能随时进行调整，以便广告主随时紧跟市场变化的步伐调整关键字选择和广告推广方案。

在实验环节，运用互联网广告营销服务商的数据，分别对比 3 个广告主运用本书关键字选择方法的效果，证实本书方法在搜索关键字选择方面明显胜过服务商的推荐方法，无论广告主的目标是提高品牌知名度还是净利润，本书的关键字选择方法都能更好地实现其目标，且在多个广告效果指标上的表现都优于原来的方法。

第 8 章
总结与展望

8.1 总结

赞助搜索广告在过去 10 年中已成为一种新型的互联网广告形式，无论在 Google、百度或 Bing 这些通用搜索引擎，还是在内嵌有搜索系统的电商平台，如淘宝、Amazon 中，都能看到赞助搜索广告。相比于其他在线广告形式（如横幅广告），用户对赞助搜索广告接受程度较高，我们日常的在线浏览中或多或少地会接触。因此，赞助搜索广告成了广告主的宠儿，得到广告预算中的较大份额。广告主通常会为特定的关键字竞价，并在此过程中需要做出一些复杂的决定，这些决定在很大程度上影响赞助搜索广告的获利。第一，广告主需要确定要为其出价的相关关键字；第二，广告主需要为每个关键字定义在搜索用户点击广告时将其定向到的页面（着陆页）；第三，广告主需要为赞助搜索广告活动设定预算；第四，广告主需要确定关键字的竞标价格。

与赞助搜索广告相关的研究是比较丰富的，主要集中在确定最佳出价、预算优化，以及不同类型的关键字对广告主的赞助搜索广告效果的影响。尽管研究人员和从业人员开展了相关研究，表明哪些类型的关键字能带来更高收益，但具体关键字的生成、扩展和选择仍是广告主面临的主要挑战之一。关键字应以某种方式与广告主的品牌或宣传的商品相关，并且应在可能单击广告主链接并最终进行购买的用户的查询中被使用。近年来，有相关研究提出了自动或半自动扩展现有关键字集的方法。所有这些方法都需要初始关键字集，因此不适合完全自动生成的赞助搜索广告关键字。但是，关键字的自动生成构成了赞助搜索广告最有希望的领域之一，因为如今手动生成大批量的领域关键字非常耗时。

当关键字的生成、扩展工作完成后，广告主会得到一个候选关键字集合，接下来的广告投放将从选择关键字、设定投标价格开始。选择关键字是赞助搜索广告过程中的重要步骤。以往的研究只考虑单一广告平台的环境，然而，在实际赞助搜索广告场景中，在预算额度允许的情况下，广告主往往会根据自己产品的类别特点选择更多平台进行赞助搜索广告投放，这就产生了一个具有挑战性的问题：如何在多平台环境下，考虑不同的广告目标，实现赞助搜索广告关键字选择的策略优化。

本书的研究，首先基于维基百科进行关键字生成工作。通过分析维基百科的页面结构，运用爬虫技术爬取维基百科的原始条目页面和页面之间的链接，运用页面文本处理技术对页面进行处理，生成关键字。运用该方法，广告主只需要提供少数几个种子关键字，通过处理维基百科的结构和页面内容，构建关键字生成模型，并运用贝叶斯方法进行模型参数估计，最终生成关键字。然后，本书的研究在生成关键字的基础上扩展了赞助搜索广告关键字，最终得到的关键字集合考虑到覆盖性和相关性之间的平衡，本书提出一种兼顾覆盖性和相关性的关键字扩展方法，以种子关键字的条目页面为起始节点构建有限网页链接图，运用 MSA 算法来确定链接图的边界，然后通过关键字生成模型对条目页面的词条进行排序，最终得到范围广泛同时与种子关键字具有密切关联的候选关键字集群。

在完成关键字生成和扩展的工作后，本书的研究目的在于为多平台广告主提供关键字选择的有效策略，以弥补现有研究的不足。研究回顾了有关用户搜索和决策行为的研究，发现不同类型用户消费偏好不同，其搜索活动和转化概率不同，因此赞助搜索广告的投放必须针对特定用户的需求进行，这就要求广告主必须考虑不同平台用户细分群体的具体情况来选择关键字。在此基础上，本书建立一个分层的非参数贝叶斯估计模型，考虑不同细分群体用户特征的关键字 CTR 指标，并在此基础上提出一种平衡品牌推广和利润的关键字选择策略。

以往的研究中，广告主往往只注重每个平台单独优化的效果，不考虑市场用户细分群体的实际情况。本书的关键字选择弥补了以往研究的不足，将平台用户细分群体与关键字相关的指标纳入考虑范围。在预算相同的情况下，运用本书的关键字选择方法进行多平台关键字选择的整体效果优于每个平台单独选择。更重要的是，不同广告主的目标并不一定相同，有些广告主更加注重品牌推广，有的广告主更加注重净利润，本书的关键字选择策略可以满足不同广告主的需求，在品牌推广与追求利润之间进行调节。最后，消费者群体的分化和变迁在互联网时代日益加快，广告主需要一种关键字选择的策略方法以能够快速响应消费者的变化，本书的关键字选择方法通过设置调节参数为广告主的调整预留了空间，而且对于关键字的 CTR 估计，广告主可以方便地增加、删减或改变用户特征标签，每种特征标签的内部划分也能随时进行调整，方便广告主随时紧跟市场变化的步伐调整关键字选择和广告推广方案。

在实验环节，基于互联网广告营销服务商的真实数据，通过对比 3 个广告主运用本书关键字选择方法的效果，能发现本书方法在搜索关键字选择方面明显胜过服务商的推荐方法，无论广告主的目标是追求品牌知名度的提高还是净利润的提高，本书的关键字选择方法都能更好地实现广告主的目标，在多个广告效果指标，如 ROI、总展示量、总点击量、转化率方面，表现都优于原来的方法。

8.2　未来展望

本书的研究在关键字生成、扩展和选择的策略研究方面为广告主提供了一些实质性的优化方法和决策依据。但本研究仍存在一定的不足。

①本书提出的关键字选择方案重点考虑每个广告平台所面对的市场用户群体情况，但平台与平台之间的用户群体重叠，以及这种重叠对跨平台联动带来的影响因素暂时没有研究。现实的情境下，同一个用户往往会同时是多个平台的活跃者，当用户同时在多个平台看到同一个商品广告时会产生怎样的影响，以及这种影响如何纳入关键字选择的问题中，都是值得进一步研究的问题。

②本书关键字选择方法的另一个局限性是与许多推荐方法类似，都依赖于用户平台活动数据，数据量不足会导致所谓的"冷启动问题"，除非有针对

一定数量消费者的多项目购买资料，否则此类系统可能无法提供结果或提供的结果效果欠佳。

本书关键字选择方法需要足够的来自广告平台内部的搜索数据，对于访问量大的网站，这类数据量足够大，但对于较小的平台，存在访问量较少或用户群体细分数据缺乏等问题。

③用户的在线行为是非常复杂的。本书的研究假设广告主应将重点放在已经考虑购买的用户上。但是，广告的效果具有滞后效应，某些用户可能会访问在线商店以建立有关产品的知识，以便以后购买。这些用户不咨询在线平台的搜索引擎，仅访问少数产品站点，或者只是看似漫无目的地在网站上四处闲逛。后续的研究可以考虑从用户逗留时间较长的产品站点中提取可以吸引此类用户的搜索关键字。本书的方法并不限于内部搜索引擎作为赞助搜索广告关键字候选的来源，因此可以把从产品站点提取关键字纳入考虑。

④本书中的实验比较采用的是短期盈利的相关指标，实验结果表明本书方法能显著提高广告主的收益。但是，关键字表现效果过于集中于短期指标很可能会让广告主忽略正处于培养阶段但尚未决定要购买的用户。从长远角度来看，这些后继用户可能对于进一步扩展企业品牌并在转换渠道的不同阶段产生稳定的新消费群体很重要。因此，本书的相关研究，还可以进一步考虑是否还能在更长的时间范围内帮助广告主增加收入和保持持续性盈利。

今后的研究将继续在本书研究的基础上开展。首先，赞助搜索广告优化是一个长期、动态、复杂的过程，用户从输入查询关键字到最终完成购买行为，中间涉及的环节有很多。后续的环节，如着陆页的设计、付款方式的设定、用户交互的便捷程度等都会影响用户是否最终购买。因此，广告主应将赞助搜索广告的全过程看成一个整体，从流程上多从用户角度进行优化，才能为广告的最终实现效果提供保障。本书的关键字 CTR 模型是开放式的，为广告主的调整预留了空间，广告主可以方便地增加、删减或改变用户特征标签，因此广告主可以根据推广产品的具体情况和平台针对的用户群体将用户的行为特征（如用户的互动行为、社交行为等）纳入用户画像标签的考虑范围之中。

具体而言，本书提出的 NHBKC 模型能综合考虑广告平台中细分群体用户的各类画像特征，在这些画像特征中年龄、性别、地域、学历、爱好等特征标签是大多数广告主比较关注的，在本章后续的实验环节中也主要从这几个特征标签进行群体划分，而且每种特征标签的标尺还可以进一步细化。与此同时，NHBKC 模型的开放性也允许广告主根据广告目标或产品特性增加特征标签，以求关键字能够更加精准地定位群体。以用户的行为特征为例，将用户在平台中各种行为所产生的所有数据进行搜集、分析、整合，基于该数据即可得出大部分用户的行为习惯及喜好，一般可以将用户行为特征区分为互动行为和消费行为。具体到互动行为，用户在不同平台的互动行为外在表现是存在差异的，同一位用户可能更偏好某些平台，在某平台上更为活跃，这可以通过平台账户的后台数据进行衡量（如账户的登录次数、账号昵称、账号头像、每次在线时长、交友数量、发帖回帖数量、点赞次数、参与平台活动次数等）。具体到消费行为，可以按照用户的购买渠道、购买频率、付款方式、商品信息来源等用户画像数据进行标签化细分。确定用户画像特征的种类之后，NHBKC 模型能估计出广告平台中每个关键字 CTR 的联合分布，模型从顶层到底层一共分为 3 层，顶层（全局层）是来自多个用户分类特征标签的联合估计，其中就能将广告主新增加的用户画像特征纳入计算。

　　其次，如果考虑不同平台用户群体之间的重叠，那么代表用户的节点可能会归属于多个平台，需要对用户节点进行模糊聚类，即划分重叠平台，然后将平台内基于评分的标签相似度作为用户表示的约束，结合带有社交约束的矩阵分解模型求出用户、项目的特征表示。传统的聚类方法通常仅利用用户的社交关系，对节点进行平台划分主要依据网络的拓扑结构，然而在实际场景中，用户的网络行为和兴趣是多元化的，因此采用重叠平台划分，聚类结果对用户行为和兴趣的映射更为全面，有利于提高关键字选择的准确率。广告主针对不同细分群体用户的广告投放还可以更加细化。例如，一个刚刚购买电视的用户，短时间内再次购买的可能性很低，因为电视属于耐用消费品。广告主可以根据不同产品的性质和用户的近期购买情况，进行进一步广告投放的优化，这样能降低无效点击和广告成本。不同的产品间可能存在潜在的联系，如互补产品、替代产品等。搜索关键字之间也可能存在潜在联系，这种联系可以通过挖掘网络数据来发现。广告主制定关键字投放策略时应当从整体上综合考虑，而不是将关键字群体视为割裂的个体对象，通过挖掘关键字之间的潜在联系可以提高覆盖范围。

最后，互联网放大了社会事件的影响力，近年来很多公司对突发事件的处理不慎导致突发事件对自家品牌造成了损害，进而直接影响产品的销售。广告主在进行赞助搜索广告投放时，要了解当前用户关注热点，以及社会事件对用户心理的影响。互联网时代的去中心化打破了现有互联网的壁垒，将社交、电商、信息等行业的中心化进行结构解耦，权力转移给个体，从而促进线上场景向多样化发展。在这种形势下，仅仅局限于封闭的广告环境已经不能适应新时代的要求，广告主应积极深入地了解用户个性化的社交需求，发现、提炼、创造新的关键字，为后续赞助搜索广告相关策略提供依据。

参考文献

[1] ABHISHEK V，HOSANAGAR K，FADER P S. Aggregation bias in sponsored search data：the curse and the cure[J]. Marketing science，2015，34（1）：59-77.

[2] ABHISHEK V，HOSANAGAR K. Keyword generation for search engine advertising using semantic similarity between terms[C]// Proceedings of the Ninth International Conference on Electronic Commerce，2007：89-94.

[3] ABHISHEK V，HOSANAGAR K. Optimal bidding in multi-item multislot sponsored search auctions[J]. Operations research，2013，61（4）：855-873.

[4] ABOU NABOUT N. A novel approach for bidding on newly set-up search engine advertising campaigns[J]. European journal of marketing，2015，49（5/6）：668-691.

[5] ABRAMS Z，MENDELEVITCH O，TOMLIN J. Optimal delivery of sponsored search advertisements subject to budget constraints[C]// Proceedings of the 8th ACM Conference on Electronic Commerce，2007：272-278.

[6] ADA S，NABOUT A，FEIT D. EXPRESS：context information can increase revenue in online display advertising auctions：evidence from a policy change[J]. Journal of marketing research，2021：doi.org/10.1177/00222437211070219.

[7] AGARWAL A，HOSANAGAR K，SMITH M D. Location，location，location：an analysis of profitability of position in online advertising markets[J]. Journal of marketing research，2011，48（6）：1057-1073.

[8] AGARWAL A，MUKHOPADHYAY T. The impact of competing ads on click

performance in sponsored search[J]. Information systems research, 2016, 27（3）: 538-557.

[9]   AGARWAL A, NANDAL N. Digital marketing: paid internet advertising and its revenue model[J]. Turkish journal of computer and mathematics education （TURCOMAT）, 2020, 11（2）: 720-725.

[10] AGRAWAL R, GUPTA A, PRABHU Y, et al. Multi-label learning with millions of labels: recommending advertiser bid phrases for web pages[C]// Proceedings of the 22nd International Conference on World Wide Web, 2013: 13-24.

[11] ALDOUS D J. Exchangeability and related topics[M]. Berlin: Springer, 1985: 1-198.

[12] ALLAN J. Automatic hypertext link typing[C]// Proceedings of the Seventh ACM Conference on Hypertext, 1996: 42-52.

[13] AMIN K, KEARNS M, KEY P, et al. Budget optimization for sponsored search: censored learning in MDPs[C]// Proceedings of the Twenty-Eighth Conference on Uncertainty in Artificial Intelligence, 2012: 54-63.

[14] AMIRI H, ALEAHMAD A, RAHGOZAR M, et al. Keyword suggestion using conceptual graph construction from Wikipedia rich documents[J]. Proceedings of the Workshop Exploiting Semantic Annotations for Information Retrieval, 2008: 63-66.

[15] ANDERSON C. The long tail: why the future of business is selling less of more[M]. Hachette Books, 2006.

[16] ANDERSON E T, SIMESTER D I. Reviews without a purchase: low ratings, loyal customers, and deception[J]. Journal of marketing research, 2014, 51（3）: 249-269.

[17] ANIMESH A, VISWANATHAN S, AGARWAL R. Competing "creatively" in sponsored search markets: the effect of rank, differentiation strategy, and competition on performance[J]. Information systems research, 2011, 22（1）: 153-169.

[18] ARBATSKAYA M. Ordered search[J]. The RAND journal of economics,
2007, 38（1）: 119–126.

[19] ARMSTRONG M, VICKERS J, ZHOU J. Prominence and consumer
search[J]. The RAND journal of economics, 2009, 40（2）: 209–233.

[20] ARMSTRONG M. Ordered consumer search[J]. Journal of the European
economic association, 2017, 15（5）: 989–1024.

[21] ATHEY S, ELLISON G. Position auctions with consumer search[J]. The
quarterly journal of economics, 2011, 126（3）: 1213–1270.

[22] ATTENBERG J, PANDEY S, SUEL T. Modeling and predicting user
behavior in sponsored search[C]// Proceedings of the 15th ACM SIGKDD,
2009: 1067–1076.

[23] AU T C. Topics in computational advertising[D]. Durham: Duke University,
2014.

[24] AYANSO A, MOKAYA B. Efficiency evaluation in search advertising[J].
Decision sciences, 2013, 44（5）: 877–913.

[25] AYTAÇ H, FREITAS J, VAIENTI S. Laws of rare events for deterministic
and random dynamical systems[J]. Transactions of the american mathematical
society, 2015, 367（11）: 8229–8278.

[26] BAEZA–YATES R, RIBEIRO–NETO B. Modern information retrieval[M].
New York: ACM Press, 1999.

[27] BANERJEE S, RAMANATHAN K, GUPTA A. Clustering short texts using
wikipedia[C]// Proceedings of the 30th Annual International ACM SIGIR,
2007: 787–788.

[28] BARTZ K, MURTHI V, SEBASTIAN S. Logistic regression and collaborative
filtering for sponsored search term recommendation[C]// Second Workshop on
Sponsored Search Auctions, 2006: 5–9.

[29] BELCH G E. The effects of television commercial repetition on cognitive
response and message acceptance[J]. Journal of consumer research, 1982, 9
（1）: 56–65.

[30] BERTHON P, PITT L, CAMPBELL C. Ad lib: when customers create the ad[J]. California management review, 2008, 50（4）: 6-30.

[31] BRODER A Z, CICCOLO P, FONTOURA M, et al. Search advertising using web relevance feedback[C]// Proceedings of the 17th ACM Conference on Information and Knowledge Management, 2008: 1013-1022.

[32] BRODER A Z. Computational advertising and recommender systems[C]// Proceedings of the 2008 ACM Conference on Recommender Systems, 2008: 1-2.

[33] BRODER A, CICCOLO P, GABRILOVICH E, et al. Online expansion of rare queries for sponsored search[C]// Proceedings of the 18th International Conference on World Wide Web, 2009: 511-520.

[34] BRONNENBERG B J, KIM J B, MELA C F. Zooming in on choice: how do consumers search for cameras online? [J]. Marketing science, 2016, 35（5）: 693-712.

[35] BRYNJOLFSSON E, HU Y, SIMESTER D. Goodbye pareto principle, hello long tail: the effect of search costs on the concentration of product sales[J]. Management science, 2011, 57（8）: 1373-1386.

[36] BU T M, DENG X, QI Q. Forward looking Nash equilibrium for keyword auction[J]. Information processing letters, 2008, 105（2）: 41-46.

[37] BUDHIRAJA A, REDDY P K. An improved approach for long tail advertising in sponsored search[C]// International Conference on Database Systems for Advanced Applications, 2017: 169-184.

[38] BULUT A. TopicMachine: conversion prediction in search advertising using latent topic models[J]. IEEE transactions on knowledge and data engineering, 2014, 26（11）: 2846-2858.

[39] CAMPBELL M C, KELLER K L. Brand familiarity and advertising repetition effects[J]. Journal of consumer research, 2003, 30（2）: 292-304.

[40] CANNON H M, LECKENBY J D, ABERNETHY A. Beyond effective frequency: Evaluating media schedules using frequency value planning[J].

Journal of advertising research, 2002, 42（6）: 33–46.

[41] CAO X, KE T T. Cooperative search advertising[J]. Marketing science, 2019, 38（1）: 44–67.

[42] CHAN T Y, PARK Y H. Consumer search activities and the value of ad positions in sponsored search advertising[J]. Marketing science, 2015, 34(4): 606–623.

[43] CHANG W, PANTEL P, POPESCU A M, et al. Towards intent–driven bidterm suggestion[C]// Proceedings of the 18th International Conference on World Wide Web, 2009: 1093–1094.

[44] CHANG Y, THORSON E. Television and web advertising synergies[J]. Journal of advertising, 2004, 33（2）: 75–84.

[45] CHEN L. Combining keyword search advertisement and site–targeted advertisement in search engine advertising[J]. Journal of service science and management, 2008, 1（3）: 233–243.

[46] CHEN Y, XUE G R, YU Y. Advertising keyword suggestion based on concept hierarchy[C]// Proceedings of the 2008 International Conference on Web Search and Data mining, 2008: 251–260.

[47] CHEN Y, YAO S. Sequential search with refinement: model and application with click–stream data[J]. Management science, 2017, 63（12）: 4345–4365.

[48] CHENG H, CANTÚ–PAZ E. Personalized click prediction in sponsored search[C]// Proceedings of the Third ACM International Conference on Web Search and Data Mining, 2010: 351–360.

[49] CIGLAN M, RIVIÈRE É, NØRVÅG K. Learning to find interesting connections in wikipedia[C]// 2010 12th International Asia–Pacific Web Conference. New York: IEEE, 2010: 243–249.

[50] CRESTANI F. Application of spreading activation techniques in information retrieval[J]. Artificial intelligence review, 1997, 11（6）: 453–482.

[51] CUCERZAN S. Large–scale named entity disambiguation based on Wikipedia

data[C]// Proceedings of the 2007 Joint Conference on Empirical Methods in Natural Language Processing and Computational Natural Language Learning (EMNLP-CoNLL), 2007: 708–716.

[52] DESAI P S, SHIN W, STAELIN R. The company that you keep: when to buy a competitor's keyword[J]. Marketing science, 2014, 33 (4): 485–508.

[53] DESPOTAKIS S, RAVI R, SAYEDI A. First–price auctions in online display advertising[J]. Journal of marketing research, 2021, 58 (5): 888–907.

[54] DIMITRI N. Combinatorial advertising internet auctions[J]. Electronic commerce research and applications, 2018, 32: 49–56.

[55] DINNER I M, HEERDE VAN H J, NESLIN S A. Driving online and offline sales: the cross–channel effects of traditional, online display, and paid search advertising[J]. Journal of marketing research, 2014, 51 (5): 527–545.

[56] EDELMAN B, OSTROVSKY M, SCHWARZ M. Internet advertising and the generalized second–price auction: selling billions of dollars worth of keywords[J]. American economic review, 2007, 97 (1): 242–259.

[57] EDELMAN B, SCHWARZ M. Optimal auction design and equilibrium selection in sponsored search auctions[J]. American economic review, 2010, 100 (2): 597–602.

[58] EDO–OSAGIE O, DE LA IGLESIA B, LAKE I, et al. An evolutionary approach to automatic keyword selection for Twitter data analysis[C]// International Conference on Hybrid Artificial Intelligence Systems, 2020: 160–171.

[59] FAMILMALEKI M, AGHIGHI A, HAMIDI K. Analyzing the influence of sales promotion on customer purchasing behavior[J]. International journal of economics & management sciences, 2015, 4 (4): 1–6.

[60] FELDMAN J, MUTHUKRISHNAN S. Algorithmic methods for sponsored search advertising[M]// Performance Modeling and Engineering. Berlin: Springer, 2008: 91–122.

[61] FENG Z, LAHAIE S, SCHNEIDER J, et al. Reserve price optimization for first price auctions in display advertising[C]//International Conference on Machine Learning. New York: PMLR, 2021: 3230-3239.

[62] FERGUSON T S. A Bayesian analysis of some nonparametric problems[J]. The annals of statistics, 1973: 209-230.

[63] FRANKEL L R. Book review: defining advertising goals for measured advertising results[J]. Journal of marketing research, 1964, 1（2）: 82-83.

[64] FUXMAN A, TSAPARAS P, ACHAN K, et al. Using the wisdom of the crowds for keyword generation[C]// Proceedings of the 17th International Conference on World Wide Web, 2008: 61-70.

[65] GABRILOVICH E, BRODER A, FONTOURA M, et al. Classifying search queries using the web as a source of knowledge[J]. ACM transactions on the Web, 2009, 3（2）: 1-28.

[66] GABRILOVICH E, MARKOVITCH S. Computing semantic relatedness using wikipedia-based explicit semantic analysis[C]// 20th International Joint Conference on Artificial Intelligence, 2007: 1606-1611.

[67] GHOSE A, IPEIROTIS P G, LI B. Modeling consumer footprints on search engines: an interplay with social media[J]. Management science, 2019, 65（3）: 1363-1385.

[68] GOERTZ T, PFEIFFER J, SCHMIDT H, et al. Integrating keyword advertising and dynamic pricing for an online market place[C]// Operations Research Proceedings 2013. Berlin: Springer, 2014: 145-151.

[69] GOMES R, SWEENEY K. Bayes-nash equilibria of the generalized second-price auction[J]. Games and economic behavior, 2014, 86: 421-437.

[70] GONG J, ABHISHEK V, LI B. Examining the impact of keyword ambiguity on search advertising performance: a topic model approach[J]. MIS quarterly, 2018, 42（3）: 805-829.

[71] GOPAL R, LI X, SANKARANARAYANAN R. Online keyword based advertising: impact of ad impressions on own-channel and cross-channel

click-through rates[J]. Decision support systems, 2011, 52（1）: 1-8.

[72] GOSWAMI P, KAMATH V. The DF-ICF algorithm-modified TF-IDF[J]. International journal of computer applications, 2014, 93（13）: 28-30.

[73] HAANS H, RAASSENS N, VAN HOUT R. Search engine advertisements: the impact of advertising statements on click-through and conversion rates[J]. Marketing letters, 2013, 24（2）: 151-163.

[74] HARTLINE J, IMMORLICA N, KHANI M R, et al. Fast core pricing for rich advertising auctions[C]//Proceedings of the 2018 ACM Conference on Economics and Computation, 2018: 111-112.

[75] HU J, WANG G, LOCHOVSKY F, et al. Understanding user's query intent with wikipedia[C]//Proceedings of the 18th International Conference on World Wide Web, 2009: 471-480.

[76] IBRAHIM M, DANFORTH C M, DODDS P S. Connecting every bit of knowledge: the structure of Wikipedia's first link network[J]. Journal of computational science, 2017, 19: 21-30.

[77] IM I, JUN J, OH W, et al. Deal-seeking versus brand-seeking: search behaviors and purchase propensities in sponsored search platforms[J]. Mis quarterly, 2016, 40（1）: 187-203.

[78] JADIDINEJAD A H, MAHMOUDI F. Advertising keyword suggestion using relevance-based language models from Wikipedia rich articles[J]. Journal of computer & robotics, 2014, 7（2）: 29-35.

[79] JANSEN B J, CLARKE T B. Conversion potential: a metric for evaluating search engine advertising performance[J]. Journal of research in interactive marketing, 2017, 11（2）: 142-159.

[80] JANSEN B J, SOBEL K, ZHANG M. The brand effect of key phrases and advertisements in sponsored search[J]. International journal of electronic commerce, 2011, 16（1）: 77-106.

[81] JANSEN B J, SPINK A, SARACEVIC T. Real life, real users, and real needs: a study and analysis of user queries on the web[J]. Information

processing & management，2000，36（2）：207-227.

[82] JERATH K，MA L，PARK Y H，et al. A "position paradox" in sponsored search auctions[J]. Marketing science，2011，30（4）：612-627.

[83] JERATH K，MA L，PARK Y H. Consumer click behavior at a search engine：the role of keyword popularity[J]. Journal of marketing research，2014，51（4）：480-486.

[84] JEZIORSKI P，MOORTHY S. Advertiser prominence effects in search advertising[J]. Management science，2018，64（3）：1365-1383.

[85] JIANG J，HE D，ALLAN J. Searching，browsing，and clicking in a search session：changes in user behavior by task and over time[C]// Proceedings of the 37th International ACM SIGIR，2014：607-616.

[86] JONES R，REY B，MADANI O，et al. Generating query substitutions[C]// Proceedings of the 15th International Conference on World Wide Web，2006：387-396.

[87] JOSHI A，MOTWANI R. Keyword generation for search engine advertising[C]// 6th IEEE International Conference on Data Mining-Workshops（ICDMW'06），2006：490-496.

[88] JUNG Y，PEREZ-MIRA B，WILEY-PATTON S. Consumer adoption of mobile TV：examining psychological flow and media content[J]. Computers in human behavior，2009，25（1）：123-129.

[89] KAMPS J，KOOLEN M. Is wikipedia link structure different？ [C]// Proceedings of the Second ACM International Conference on Web Search and Data Mining，2009：232-241.

[90] KARANDE C，MEHTA A，SRIKANT R. Optimizing budget constrained spend in search advertising[C]// Proceedings of the 6th ACM International Conference on Web Search and Data Mining，2013：697-706.

[91] KIM S，SMYTH P. Hierarchical Dirichlet processes with random effects[C]// Advances in Neural Information Processing Systems，2007：697-704.

[92] KIRITCHENKO S，JILINE M. Keyword optimization in sponsored search via

feature selection[C]// New Challenges for Feature Selection in Data Mining and Knowledge Discovery, 2008: 122-134.

[93] KIRMANI A, YI Y. The effects of advertising context on consumer research[J]. Advances in consumer research, 1991, 18（1）: 414-416.

[94] KLAPDOR S, ANDERL E, SCHUMANN J H, et al. How to use multichannel behavior to predict online conversions: behavior patterns across online channels inform strategies for turning users into paying customers[J]. Journal of advertising research, 2015, 55（4）: 433-442.

[95] KÜÇÜKAYDIN H, SELÇUK B, ÖZLÜK Ö. Optimal keyword bidding in search-based advertising with budget constraint and stochastic ad position[J]. Journal of the operational research society, 2020, 71（4）: 566-578.

[96] LI H, EDWARDS S M, LEE J H. Measuring the intrusiveness of advertisements: scale development and validation[J]. Journal of advertising, 2002, 31（2）: 37-47.

[97] LI H, KANNAN P K, VISWANATHAN S, et al. Attribution strategies and return on keyword investment in paid search advertising[J]. Marketing science, 2016, 35（6）: 831-848.

[98] LI H, LEI Y, YANG Y. Bidding strategies on adgroup and keyword levels in search engine advertising: a comparison study[C]//Proceedings of the 2019 2nd International Conference on Information Management and Management Sciences, 2019: 23-27.

[99] LI H, YANG Y. Optimal keywords grouping in sponsored search advertising under uncertain environments[J]. International journal of electronic commerce, 2020, 24（1）: 107-129.

[100] L Y, CHEN L, AI W. Exploitation vs. exploration: choosing keywords for search-based advertising services[C]// Proceedings of International Conference on Management Science & Engineering （ICMSE2010）, 2010: 1-8.

[101] LIN C, VENKATARAMAN S, JAP S D. Media multiplexing behavior:

implications for targeting and media planning[J]. Marketing science, 2013, 32（2）: 310–324.

[102] LIN S. Two–sided price discrimination by media platforms[J]. Marketing science, 2020, 39（2）: 317–338.

[103] LIU J, TOUBIA O. A semantic approach for estimating consumer content preferences from online search queries[J]. Marketing science, 2018, 37（6）: 930–952.

[104] LIU–THOMPKINS Y, MASLOWSKA E, REN Y, et al. Creating, metavoicing, and propagating: a road map for understanding user roles in computational advertising[J]. Journal of advertising, 2020, 49（4）: 394–410.

[105] LIU Y, WANG J, JIANG Y, et al. Identifying impact of intrinsic factors on topic preferences in online social media: a nonparametric hierarchical Bayesian approach[J]. Information sciences, 2018, 423: 219–234.

[106] LONG F, JERATH K, SARVARY M. Designing an online retail marketplace: leveraging information from sponsored advertising[J]. Marketing science, 2022, 41（1）: 115–138.

[107] LU S, YANG S. Investigating the spillover effect of keyword market entry in sponsored search advertising[J]. Marketing science, 2017, 36（6）: 976–998.

[108] LU X, ZHAO X. Differential effects of keyword selection in search engine advertising on direct and indirect sales[J]. Journal of management information systems, 2014, 30（4）: 299–326.

[109] MACHLEIT K A, WILSON R D. Emotional feelings and attitude toward the advertisement: the roles of brand familarity and repetition[J]. Journal of advertising, 1988, 17（3）: 27–35.

[110] MADERA Q, CASTILLO O, GARCIA–VALDEZ M, et al. Bidding strategies based on type–1 and interval type–2 fuzzy inference systems for google adwords advertising campaigns[C]// 2016 IEEE 8th International

Conference on Intelligent Systems，2016：133-138.

[111]　MAKKAR A，KUMAR N. User behavior analysis-based smart energy management for webpage ranking：learning automata-based solution[J]. Sustainable computing：informatics and systems，2018，20：174-191.

[112]　MALAVIYA P. The moderating influence of advertising context on ad repetition effects：the role of amount and type of elaboration[J]. Journal of consumer research，2007，34（1）：32-40.

[113]　MCCOY S，EVERARD A，POLAK P，et al. An experimental study of antecedents and consequences of online ad intrusiveness[J]. International journal of human-computer interaction，2008，24（7）：672-699.

[114]　MELA C F，ROOS J，DENG Y. A keyword history of marketing science[J]. Marketing science，2013，32（1）：8-18.

[115]　MILNE D，WITTEN I H. Learning to link with wikipedia[C]// Proceedings of the 17th ACM Conference on Information and Knowledge Management，2008：509-518.

[116]　MOSTAFA L. BidTerm suggestion for advertising webpages[C]// 2012 IEEE/ ACM International Conference on Advances in Social Networks Analysis and Mining，2012：1090-1094.

[117]　MULPURU S，HARTEVELDT H H，ROBERGE D. Five retail ecommerce trends to watch in 2011[J]. Reproduction，2011：1-8.

[118]　MUTHUKRISHNAN S，PÁL M，SVITKINA Z. Stochastic models for budget optimization in search-based advertising[J]. Algorithmica，2010，58（4）：1022-1044.

[119]　NEDELEC T，EL KAROUI N，PERCHET V. Learning to bid in revenue-maximizing auctions[C]//International Conference on Machine Learning. New York：PMLR，2019：4781-4789.

[120]　NOVAK T P，HOFFMAN D L，DUHACHEK A. The influence of goal-directed and experiential activities on online flow experiences[J]. Journal of consumer psychology，2003，13（1-2）：3-16.

[121] PRABHU Y，KUSUPATI A，GUPTA N，et al. Extreme regression for dynamic search advertising[C]//Proceedings of the 13th International Conference on Web Search and Data Mining，2020：456-464.

[122] QIAO D，ZHANG J. A novel keyword suggestion method to achieve competitive advertising on search engines[C]// PACIS，2015：142-157.

[123] RADLINSKI F，BRODER A，CICCOLO P，et al. Optimizing relevance and revenue in ad search：a query substitution approach[C]// Proceedings of the 31st Annual International ACM SIGIR Conference on Research and Development in Information Retrieval，2008：403-410.

[124] RUSMEVICHIENTONG P，WILLIAMSON D P. An adaptive algorithm for selecting profitable keywords for search-based advertising Services[C]// Proceedings of the 7th ACM Conference on Electronic Commerce，2006：260-269.

[125] RUTZ O J，TRUSOV M. Zooming in on paid search ads：a consumer-level model calibrated on aggregated data[J]. Marketing science，2011，30（5）：789-800.

[126] SAKURAI Y，IWASAKI A，YOKOO M. Keyword auction protocol for dynamically adjusting the number of advertisements[J]. Web intelligence and agent systems：an international journal，2010，8（4）：331-341.

[127] SALAKHUTDINOV R，TENENBAUM J，TORRALBA A. One-shot learning with a hierarchical nonparametric Bayesian model[C]// Proceedings of ICML Workshop on Unsupervised and Transfer Learning，2012：195-206.

[128] SAMOILENKO A，KARIMI F，EDLER D，et al. Linguistic neighbourhoods：explaining cultural borders on Wikipedia through multilingual co-editing activity[J]. EPJ data science，2016，5（1）：9-29.

[129] SARKAR K. A hybrid approach to extract keyphrases from medical documents[J]. International journal of computer applications，2013，63（18）：14-19.

[130] SARKIS J, DHAVALE D G. Supplier selection for sustainable operations: a triple-bottom-line approach using a Bayesian framework[J]. International journal of production economics, 2015, 166: 177-191.

[131] SARMENTO L, TREZENTOS P, GONÇALVES J P, et al. Inferring local synonyms for improving keyword suggestion in an online advertisement system[C]// Proceedings of the 3rd International Workshop on Data Mining and Audience Intelligence for Advertising, 2009: 37-45.

[132] SAYEDI A, JERATH K, BAGHAIE M. Exclusive placement in online advertising[J]. Marketing science, 2018, 37 (6): 970-986.

[133] SCHOLZ M, BRENNER C, HINZ O. AKEGIS: automatic keyword generation for sponsored search advertising in online retailing[J]. Decision support systems, 2019, 119: 96-106.

[134] SCHWAIGHOFER A, CANDELA J Q, BORCHERT T, et al. Scalable Clustering and keyword suggestion for online advertisements[C]// Proceedings of the 3rd International Workshop on Data Mining and Audience Intelligence for Advertising, 2009: 27-36.

[135] SEILER S, YAO S. The impact of advertising along the conversion funnel[J]. Quantitative marketing and economics, 2017, 15 (3): 241-278.

[136] SHAPIRA B, OFEK N, MAKARENKOV V. Exploiting wikipedia for information retrieval tasks[C]// Proceedings of the 38th International ACM SIGIR Conference on Research and Development in Information Retrieval, 2015: 1137-1140.

[137] SHEEHAN K B, DOHERTY C. Re-weaving the web: integrating print and online communications[J]. Journal of interactive marketing, 2001, 15 (2): 47-59.

[138] SHEN W, PENG B, LIU H, et al. Reinforcement mechanism design: with applications to dynamic pricing in sponsored search auctions[C]//Proceedings of the AAAI Conference on Artificial Intelligence, 2020, 34 (2): 2236-2243.

[139] SIMONOV A, NOSKO C, RAO J M. Competition and crowd-out for brand keywords in sponsored search[J]. Marketing science, 2018, 37（2）: 200-215.

[140] SONG Z, CHEN J, ZHOU H, et al. Triangular bidword generation for sponsored search auction[C]// Proceedings of the 14th ACM International Conference on Web Search and Data Mining, 2021: 707-715.

[141] SRIJITH P K, HEPPLE M, BONTCHEVA K, et al. Sub-story detection in Twitter with hierarchical Dirichlet processes[J]. Information processing & management, 2017, 53（4）: 989-1003.

[142] SUDDERTH E B. Graphical models for visual object recognition and tracking[D]. Cambridge: Massachusetts Institute of Technology, 2006.

[143] SUH B, CONVERTINO G, CHI E H, et al. The singularity is not near: slowing growth of Wikipedia[C]// Proceedings of the 5th International Symposium on Wikis and Open Collaboration, 2009: 1-10.

[144] TEH Y W, JORDAN M I, BEAL M J, et al. Hierarchical dirichlet processes[J]. Journal of the American statistical association, 2006, 101: 1566-1581.

[145] THOMAIDOU S, LEYMONIS K, VAZIRGIANNIS M. GrammAds: keyword and ad creative generator for online advertising campaigns[J]. Digital enterprise design and management, 2013, 205: 33-44.

[146] THOMAIDOU S, VAZIRGIANNIS M. Multiword keyword recommendation system for online advertising[C]// International Conference on Advances in Social Networks Analysis and Mining, 2011: 423-427.

[147] TRUSOV M, MA L, JAMAL Z. Crumbs of the cookie: user profiling in customer-base analysis and behavioral targeting[J]. Marketing science, 2016, 35（3）: 405-426.

[148] TU N A, HUYNH-THE T, KHAN K U, et al. ML-HDP: a hierarchical Bayesian nonparametric model for recognizing human actions in video[J]. IEEE transactions on circuits and systems for video technology, 2018, 29

（3）：800-814.

[149] TUNUGUNTLA V, BASU P, RAKSHIT K, et al. Sponsored search advertising and dynamic pricing for perishable products under inventory-linked customer willingness to pay[J]. European journal of operational research, 2019, 276（1）: 119-132.

[150] TUNUGUNTLA S, HOBAN P R. A near-optimal bidding strategy for real-time display advertising auctions[J]. Journal of marketing research, 2021, 58（1）: 1-21.

[151] URSU R M. The power of rankings: quantifying the effect of rankings on online consumer search and purchase decisions[J]. Marketing science, 2018, 37（4）: 530-552.

[152] VAN DOORN J, HOEKSTRA J C. Customization of online advertising: the role of intrusiveness[J]. Marketing letters, 2013, 24（4）: 339-351.

[153] VARIAN H R. Position auctions[J]. International journal of industrial organization, 2007, 25（6）: 1163-1178.

[154] WANG C, ZHANG P, CHOI R, et al. Understanding consumers attitude toward advertising[C]// Proceedings of AMCIS, 2002: 1143-1148.

[155] WANG D, LI Z, XIE G, et al. Adwords management for third-parties in sem: an optimisation model and the potential of twitter[C]// The 35th Annual IEEE International Conference on Computer Communications, 2016: 1-9.

[156] WANG X. Learning motion patterns using hierarchical Bayesian models[D]. Cambridge: Massachusetts Institute of Technology, 2009.

[157] WANG Y, SUN S, LEI W, et al. Examining beliefs and attitudes toward online advertising among Chinese consumers[J]. Direct marketing: an international journal, 2009, 3（1）: 52-66.

[158] WEI Y, WEI Q, ZHANG J. From query log to competitive advertising: a business intelligence method for elaborating consideration set of keywords [C]// 2013 International Conference on Management Science and Engineering 20th

Annual Conference Proceedings, 2013: 179–185.

[159] WEN H, ZHANG J, WANG Y, et al. Entire space multi–task modeling via post–click behavior decomposition for conversion rate prediction[C]// Proceedings of the 43rd International ACM SIGIR Conference on Research and Development in Information Retrieval, 2020: 2377–2386.

[160] WILSON C M. Ordered search and equilibrium obfuscation[J]. International journal of industrial organization, 2010, 28（5）: 496–506.

[161] WU C. Matching value and market design in online advertising networks: an empirical analysis[J]. Marketing science, 2015, 34（6）: 906–921.

[162] WU H, QIU G, HE X, et al. Advertising keyword generation using active learning[C]// Proceedings of the 18th International Conference on World Wide Web, 2009: 1095–1096.

[163] WU W, LIU T, HU H, et al. Extracting domain–relevant term using Wikipedia based on random walk model[C]// 7th ChinaGrid Annual Conference, 2012: 68–75.

[164] WU X, BOLIVAR A. Keyword extraction for contextual advertisement[C]// Proceedings of the 17th International Conference on World Wide Web, 2008: 1195–1196.

[165] XIAO B, YANG W, LI J. Optimal reserve price for the generalized second–price auction in sponsored search advertising[J]. Journal of electronic commerce research, 2009, 10（3）: 114–129.

[166] XU L, CHEN J, WHINSTON A. Price competition and endogenous valuation in search advertising[J]. Journal of marketing research, 2011, 48（3）: 566–586.

[167] YANG S, GHOSE A. Analyzing the relationship between organic and sponsored search advertising: positive, negative, or zero interdependence? [J]. Marketing science, 2010, 29（4）: 602–623.

[168] YANG S, PANCRAS J, SONG Y A. Broad or exact? Search Ad matching decisions with keyword specificity and position[J]. Decision support systems,

2021, 143: 113491.

[169] YANG Y, JANSEN B J, YANG Y, et al. Keyword optimization in sponsored search advertising: a multilevel computational framework[J]. IEEE intelligent systems, 2019, 34（1）: 32-42.

[170] YANG Y, LI X, ZENG D, et al. Aggregate effects of advertising decisions: a complex systems look at search engine advertising via an experimental study[J]. Internet research, 2018, 28（4）: 1079-1102.

[171] YANG Y, QIN R, JANSEN B J, et al. Budget planning for coupled campaigns in sponsored search auctions[J]. International journal of electronic commerce, 2014, 18（3）: 39-66.

[172] YANG Y, YANG Y C, JANSEN B J, et al. Computational advertising: a paradigm shift for advertising and marketing？ [J]. IEEE intelligent systems, 2017, 32（3）: 3-6.

[173] YANG Y, ZENG D, YANG Y, et al. Optimal budget allocation across search advertising markets[J]. Informs journal on computing, 2015, 27（2）: 285-300.

[174] YAZDANI M, POPESCU-BELIS A. Computing text semantic relatedness using the contents and links of a hypertext encyclopedia[J]. Artificial intelligence, 2013, 194: 176-202.

[175] YIH W, GOODMAN J, CARVALHO V R. Finding advertising keywords on web pages[C]// Proceedings of the 15th International Conference on World Wide Web, 2006: 213-222.

[176] YU T, MARAKAS G M. How people perceive sponsored search ads: toward a unified research model[C]// 25th Americas Conference on Information Systems（AMCIS）, 2019: 1-5.

[177] ZHANG B L, QIAN Z Z, LI W Z, et al. Budget allocation for maximizing viral advertising in social networks[J]. Journal of computer science and technology, 2016, 31（4）: 759-775.

[178] ZHANG W, WANG D, XUE G R, et al. Advertising keywords recommendation

for short−text web pages using Wikipedia[J]. ACM transactions on intelligent systems and technology, 2012, 3（2）: 1−25.

[179] ZHANG Y, ZHANG W, GAO B, et al. Bid keyword suggestion in sponsored search based on competitiveness and relevance[J]. Information processing & management, 2014, 50（4）: 508−523.

[180] ZHAO J, QIU G, GUAN Z, et al. Deep reinforcement learning for sponsored search real−time bidding[C]//Proceedings of the 24th ACM SIGKDD International Conference on Knowledge Discovery & Data Mining, 2018: 1021−1030.

[181] ZHONG N, LI Y, WU S T. Effective pattern discovery for text mining[J]. IEEE transactions on knowledge and data engineering, 2012, 1（24）: 30−44.

[182] ZHOU H, HUANG M, MAO Y, et al. Domain−constrained advertising keyword generation[C]//The World Wide Web Conference, 2019a: 2448−2459.

[183] ZHOU L, RODRIGUES J J P C, WANG H, et al. 5G multimedia communications: theory, technology, and application[J]. IEEE multimedia, 2019b, 26（1）: 8−9.

[184] ZHOU Y, LUKOSE R. Vindictive bidding in keyword auctions[C]//Proceedings of the 9th International Conference on Electronic Commerce, 2007: 141−146.

[185] ZHU P, HAN J, LIU L, et al. A stochastic approach for the analysis of dynamic fault trees with spare gates under probabilistic common cause failures[J]. IEEE transactions on reliability, 2015, 64（3）: 878−892.

[186] ZYPHUR M J, OSWALD F L. Bayesian estimation and inference: a user's guide[J]. Journal of management, 2015, 41（2）: 390−420.

[187] 蔡祖国, 李世杰. 产品质量信号能提升竞价排名机制的信息匹配效率吗: 基于中国搜索服务市场的分析 [J]. 中国工业经济, 2020（10）: 100−118.

[188] 蔡祖国，刘璐，范莉莉．信息不对称条件下竞价排名机制的信息匹配效率研究 [J]. 运筹与管理，2022，31（2）：119-125.

[189] 常明．搜索广告点击率预测算法研究与实现 [D]. 哈尔滨：哈尔滨工业大学，2018.

[190] 顾媛媛．基于集成学习算法的搜索广告转化率预测应用研究 [D]. 上海：上海师范大学，2019.

[191] 何继伟，刘树林．广告主与搜索引擎的双向博弈分析 [J]. 技术经济与管理研究，2014（11）：13-16.

[192] 何韵文，郑捷．拍卖机制与竞价行为：基于付费竞价式拍卖的理论与实验 [J]. 经济研究，2021，56（11）：192-208.

[193] 李治文，王绍波，TEXIER L T，等．拍卖方策略与投标者跳跃式报价：基于在线收藏品拍卖的实证研究 [J]. 管理评论，2021，33（12）：60-68.

[194] 卢向华．竞价排名广告的关键词投放策略及其绩效研究：基于淘宝网的实证分析 [J]. 管理科学学报，2013，16（6）：1-9.

[195] 罗一峰．基于在线关键词广告的最优竞价策略研究与应用 [D]. 成都：电子科技大学，2018.

[196] 汪定伟．考虑广告商信誉的搜索引擎排位拍卖的机制设计 [J]. 系统工程理论与实践，2011，31（1）：38-42.

[197] 翁莉佳，李小玲，邵兵家，等．付费搜索广告主的关键词组合策略研究：基于语义结构与用户心理的互动机制视角 [J/OL]. 南开管理评论，2022：1-23. [2023-10-07]. http：//kns.cnki.net/kcms/detail/12.1288.f.20210508.1720.007.html.

[198] 吴蕊清．搜索广告转化率的预测 [D]. 武汉：中南财经政法大学，2019.

[199] 杨彦武，郭迅华，曾大军，等．搜索竞价广告中关键字最优化策略 [J]. 信息系统学报，2013（1）：9-23.

[200] 张磊，郭峰，侯小超．基于数据挖掘的电商搜索广告投放策略研究 [J]. 工业工程，2019，22（1）：69-78.

[201] 张志强，周永，谢晓芹，等．基于特征学习的广告点击率预估技术研究 [J]. 计算机学报，2016，39（4）：780-794.